EBERHARD HOENE

Präventiver Kreditschutz und Zwangsvollstreckung durch Private

Schriftenreihe zur
Rechtssoziologie und Rechtstatsachenforschung

Herausgegeben von Ernst E. Hirsch und Manfred Rehbinder

Band 22

Präventiver Kreditschutz und Zwangsvollstreckung durch Private

Von

Dr. Eberhard Hoene

DUNCKER & HUMBLOT / BERLIN

Gedruckt mit Unterstützung
des Verbandes der Vereine Creditreform e.V., Neuss

Gedruckt 1971 bei Alb. Sayffaerth, Berlin 61
Printed in Germany

ISBN 3 428 02498 2

Vorwort des Herausgebers

> „Als einen wesentlichen Bestandteil des Soziallebens kann man das Recht nicht anhand von Büchern studieren, sondern nur in der lebendigen Wirklichkeit ... Die tatsächlichen Verhaltensweisen bilden das Recht, sofern sie allgemein beachtet werden, auch wenn sie nicht in den Texten verzeichnet stehen."

Diese Feststellungen von *Henri Lévy-Bruhl** werden durch den hiermit der Öffentlichkeit vorgelegten neuen Band der Schriftenreihe bestätigt. Es handelt sich um eine Frucht der *Rechtstatsachenforschung*, diesem mühsamen Arbeitsfeld, auf dem die oft nur unter großen Schwierigkeiten beschaffbaren und feststellbaren Fakten des Soziallebens den Beurteilungsmaßstab für die Angemessenheit und den Anpassungsgrad des „ius scriptum" im Hinblick auf seinen sich wandelnden und verändernden Gegenstand bilden.

Im Rahmen einer Volkswirtschaft, in welcher der Kredit gern als Schrittmacher des wirtschaftlichen Fortschritts bezeichnet wird und die Kreditgewährung mittlerweile bei den Massengeschäften des täglichen Lebens fast zu einer Selbstverständlichkeit geworden ist, läßt die übliche juristische Betrachtungsweise der Kreditsicherungsgeschäfte nicht deutlich werden, daß jedes einzelne, theoretisch und praktisch isolierte Kreditgeschäft mit Tausenden und Abertausenden anderer Geschäfte verflochten ist. Eine Störung in der Abwicklung *eines* Geschäfts kann zu einer Kettenreaktion führen und unmittelbar oder mittelbar Verluste und Vermögensschäden bei einer Vielheit von Personen verursachen, welche dem fraglichen Einzelgeschäft völlig fernstehen. Unternehmenszusammenbrüche sind somit, wie der Autor mit Recht hervorhebt, nicht allein Privatsache der Nächstbeteiligten, wenn man zur Kenntnis nehmen muß, daß der kreditgebenden Wirtschaft in der Bundesrepublik jährlich Milliardenverluste entstehen. Diese gehen nur teilweise zu Lasten der Kreditgeber selbst dank der Abwälzungsmöglichkeiten, welche den Steuerfiskus ebenso beeinträchtigen wie große Teile der Bevölkerung durch Einkalkulierung der Verlustrisiken in die Warenpreise.

---

* Soziologische Aspekte des Rechts (aus dem Französischen übertragen von Wolfgang Hromadka), Bd. 19 *dieser* Schriftenreihe, Berlin 1970, 11/12.

Es ist deshalb verständlich, wenn nach Mitteln und Wegen gesucht wird, diese mit der Kreditgewährung im Massenverkehr verbundenen wirtschaftlichen, sozialen und politischen Risiken wenn nicht auszuschalten, so doch in engen Grenzen zu halten. Da jedes Kreditgeschäft in den Bereich des Rechtes fällt, kann ein Urteil über die Wirksamkeit dieser Bemühungen nur abgegeben werden, wenn anhand einer rechtstatsächlichen Untersuchung klargestellt wird, inwieweit die Selbsthilfe der Beteiligten im Wege der sog. Kautelarjurisprudenz und die Mithilfe des Rechtsstabs nach Maßgabe der in Kraft befindlichen Gesetze einer Reform bedürfen. Dieser Bestandsaufnahme ist die hier vorgelegte Untersuchung gewidmet, welche die üblichen Kreditsicherungsmittel als solche bewußt ausklammert, um sich auf die Darstellung einerseits der verschiedenen *präventiven Kreditschutzverfahren*, andererseits der zu einer raschen und wirksamen *Beitreibung* begangenen *Wege* zu konzentrieren.

Was in beiden Bereichen durch *private* Initiative der Interessenten mit den Mitteln der Privatrechtsordnung im Rahmen ihrer ausdrücklichen oder verfassungsimmanenten Schranken an sachgemäßen und wirkungsvollen Organisations- und Rechtsgeschäftsformen unter der aufmerksamen Kontrolle von Rechtsprechung und Lehre entwickelt worden ist, bildet ein überzeugendes Beispiel für die rechtsgestaltende Kraft einer ihrer Aufgabe gewachsenen und ihrer Verantwortung gegenüber dem Volksganzen bewußten Juristengeneration, deren Ausbildung und Berufsvorbereitung keinesfalls so ungenügend und falsch sein können, wie es in der Öffentlichkeit oft behauptet wird.

Diese Feststellung schließt nicht aus, daß einige vom Verfasser deutlich herausgearbeitete Fragen sachgemäß nur durch Gesetz zu lösen sind, jedoch unter der Voraussetzung, daß die mit der Gesetzgebung beschäftigten Beamten der Ministerialbürokratie und die Mitglieder der Rechtsausschüsse der gesetzgebenden Körperschaften den gesamten sozialen Komplex unter Berücksichtigung der von dem Verfasser dieses Buches festgestellten Rechtstatsachen vor Augen haben.

Berlin, im Frühjahr 1971 Ernst E. Hirsch

Inhaltsverzeichnis

Einleitung

Erster Abschnitt

Präventiver Kreditschutz

Zweiter Abschnitt

Zwangsvollstreckung durch Private

Einleitung

Die vorliegende Arbeit verdankt ihre Entstehung einem Hinweis auf die Darstellung der „Execution durch sociale Interessengruppen" durch Nothnagel in der „Grundlegung der Soziologie des Rechts" von Eugen Ehrlich[1].

Die nähere Beschäftigung mit dem von Nothnagel geschilderten Druck wirtschaftlicher Organisationen auf den Schuldner führte nicht nur zur Feststellung, daß es Vereinigungen dieser (im Jahre 1899 geschilderten) Art auch heute noch mit unveränderter Zielsetzung gibt, sie warf gleichzeitig eine Vielzahl weiterer Fragen auf. Während Nothnagel seine Betrachtungen in erster Linie auf das Phänomen des psychologischen Drucks „socialer Interessengruppen" stützte, erscheint heute der Ausgangspunkt des Problems interessant, die Tatsache nämlich, daß es Kreditgebern trotz der breiten Palette ihnen zur Verfügung stehender rechtlicher Kreditsicherungsmittel wie Bürgschaft, Eigentumsvorbehalt, Zession, Sicherungsübereignung, Pfand sowie verschiedene Grundpfandrechte offenbar nicht gelingen kann, das mit der Kreditgewährung verbundene Risiko auszuschalten. Daß es hier sogar bei Doppelkreditierungen zu Forderungsausfällen kommt, weil mehrere Gläubiger sich dasselbe Wirtschaftsgut zur Sicherung dienen lassen, ist bekannt; man denke nur an den nicht endenden Streit über die Kollision zwischen verlängertem Eigentumsvorbehalt und Globalzession[2].

Es galt daher, zunächst zu untersuchen, auf welche Weise die kreditgebende Wirtschaft zu einer Verminderung des Kreditrisikos zu gelangen sucht. In diesem Rahmen nimmt die Darstellung vorwiegend branchengebundener Kreditschutzorganisationen bewußt einen besonders breiten Raum ein, weil diese als Mittel des präventiven Kreditschutzes in der Öffentlichkeit weitgehend unbekannt sind und eine zusammenhängende Darstellung ihrer Arbeitsweise bisher fehlt. Darüberhinaus sollen Wege gezeigt werden, das Risiko der Kreditgewährung ganz auszuschalten, sei es durch neue Finanzierungsformen, sei es durch Versicherung des Kreditrisikos.

Im zweiten Teil der Arbeit wird dann versucht, die Schwierigkeiten aufzuzeigen, denen sich der Gläubiger ausgesetzt sieht, wenn er unter

---

[1] Ehrlich, Grundlegung der Soziologie des Rechts, S. 53.

[2] Zuletzt BGH NJW 1969, 318.

Zuhilfenahme staatlicher Machtmittel seine Forderungen gegenüber dem Schuldner zu realisieren versucht. Diese reichen von der langen Dauer der Prozesse im Erkenntnisverfahren der ZPO, der der Gesetzgeber durch die zur Zeit im Gesetzgebungsverfahren befindliche „Beschleunigungsnovelle" abzuhelfen versucht, über die Unzulänglichkeiten des Mahnverfahrens im Siebenten Buch der ZPO bis zu der Unbrauchbarkeit des staatlichen Zwangsvollstreckungsverfahrens für die Wirtschaftspraxis im Achten Buch. Es wird daher geprüft, wieweit diese Klagen berechtigt erscheinen, daneben, auf welche Weise die Wirtschaft zur Selbsthilfe geschritten ist.

Der Zweck der Untersuchung besteht nicht darin, Reformen das Wort zu reden oder eine vollständige Reformkonzeption vorzulegen, auch wenn zu einigen Vorschlägen Stellung genommen werden wird. Es soll vielmehr unter Schilderung von Rechtstatsachen gezeigt werden, wie weit Recht und Wirklichkeit auseinanderzufallen vermögen, wobei darauf hingewiesen sein soll, daß ein Teil der beschriebenen Organisationen so alt ist wie die Zivilprozeßordnung aus dem Jahre 1877! Schlußfolgerungen daraus ergeben sich dann fast zwangsläufig.

Die Schwierigkeit bei der Darstellung von Rechtstatsachen ist die Materialbeschaffung. Einige der angesprochenen Institutionen vertreten offensichtlich den Standpunkt, der Erfolg ihrer Arbeit werde beeinträchtigt, wenn ihre Arbeitsweise geschildert wird. Es sei nur am Rande bemerkt, daß sich gerade diese Vereinigungen bei ihren Jubiläen mit Festschriften und Selbstdarstellungen an die Öffentlichkeit wenden. In anderen Fällen mußte der Verfasser die vertrauliche Behandlung des überlassenen Materials zusichern.

Ferner fehlt es häufig an aussagefähigem Zahlenmaterial. Wenn auch die Bedeutung von Zahlen für die Schilderung der Rechtswirklichkeit — und damit für die Rechtstatsachenforschung — nicht überschätzt werden sollte[3], so erscheint es auf der anderen Seite sinnlos, Probleme darzustellen, denen in der Praxis keinerlei Bedeutung zukommt. Wo verläßliche Zahlen nicht zu erhalten waren, sind daher vielfach Schätzungen unter Angabe von Anhaltspunkten vorgenommen worden.

§ 1 Die Insolvenzsituation in Deutschland

Das Ausmaß der Zahlungsschwierigkeiten ist in starkem Umfang abhängig von der Konjunkturlage, eine Beobachtung, die sich von Quartal zu Quartal an den Veröffentlichungen des Statistischen Bun-

[3] Vor einer solchen Überschätzung warnt Nußbaum, Die Rechtstatsachenforschung, Programmschriften und praktische Beispiele, herausgegeben von Manfred Rehbinder, 1968, S. 77.

desamtes über Zahlungsschwierigkeiten und finanzielle Ergebnisse der eröffneten Konkurs- und Vergleichsverfahren ablesen läßt. Das vom Statistischen Bundesamt herausgegebene Zahlenmaterial beschränkt sich jedoch auf Angaben über Konkurse und Vergleichsverfahren (jeweils aufgeschlüsselt nach Wirtschaftsbereichen, Rechtsform der Schuldner, Höhe der voraussichtlichen Forderungen, Bundesländern und voraussichtlichen finanziellen Ergebnissen) sowie auf Angaben über Anzahl und Gesamtbeträge der Wechselproteste und nicht eingelösten Schecks.

Bei der Auswertung der Insolvenzverluste aus Konkurs- und Vergleichsverfahren kann man also von gesicherten Zahlen ausgehen. Durch die Konkursgerichte des Bundesgebietes einschließlich West-Berlins wurden im Jahre 1968 insgesamt 3 582 Konkurse gemeldet, im 1. Halbjahr 1969 waren es im Zeichen weiterer Konjunkturbelebung 1 741[1]. Davon wurde im Jahre 1968 die Konkurseröffnung mangels Masse in 1 676 Fällen abgelehnt, im 1. Halbjahr 1969 in 839 Fällen; der Anteil der Totalverluste an der Gesamt*zahl* der Konkursverfahren beträgt demnach mehr als 45 %. Den masselosen Konkursen kommt allerdings wirtschaftlich eine geringere Bedeutung zu, als es die Zahlen erkennen lassen: Rund 3/4 der masselosen Konkurse entfallen nämlich auf nicht eingetragene Erwerbsunternehmen sowie Privat- und Nachlaßkonkurse, bei fast 2/3 sind Forderungen von weniger als DM 50 000,— geltend gemacht worden.

Fast 45 % *aller* Konkurse betreffen solche mit Forderungen bis zu DM 50 000,—, etwa 30 % solche mit Forderungen zwischen DM 100 000,— und DM 1 000 000,—. Im Jahre 1968 gab es in Deutschland 174 sogenannte „Millionenkonkurse" mit Forderungen von mehr als DM 1 Million; diese Zahl betrug im 1. Halbjahr 1969 immer noch 77. Gerade der Zusammenbruch großer Unternehmen birgt eine große Gefahr, da Kreditgeber nur zu leicht geneigt sind, diesen Unternehmen insbesondere im Hinblick auf ihre Größe Kredite ohne Absicherung zu gewähren, ferner, weil sich bekanntlich die Folgen der Zahlungsschwierigkeiten in einem solchen Fall nicht allein auf das in Konkurs gegangene Unternehmen beschränken, sondern nur zu leicht bedrohliche Situationen auch für den Kreditgeber wegen der Höhe des gewährten Kredites heraufbeschwören können.

Neben der genannten Anzahl von Konkursen wurden im Jahre 1968 insgesamt 331, im 1. Halbjahr 1969 151 gerichtliche Vergleichsverfahren eröffnet. Im Jahre 1967 betrug die Deckungsquote bei gerichtlichen Vergleichsverfahren 42,6 %, neuere Zahlen liegen nicht vor.

---

[1] Diese und die folgenden Zahlenangaben sind vom Statistischen Bundesamt, Wiesbaden, in Fachserie I „Geld und Kredit", Reihe 3 „Zahlungsschwierigkeiten", im November 1969 veröffentlicht worden.

Hinsichtlich der finanziellen Auswirkungen der beim Statistischen Bundesamt erfaßten Insolvenzen liegen zum Berichtszeitpunkt ebenfalls erst die Zahlen für 1967 vor. Auch wenn diese noch nicht ganz vollständig sind, kann man sie dennoch durchaus schon als repräsentativ ansehen und unschwer durch eine „Hochrechnung" ergänzen. Im Bundesgebiet einschließlich West-Berlin sind 1967 insgesamt 3 930 Konkurse und Vergleichsverfahren gezählt worden, davon wurden 1 531 Konkursanträge mangels Masse abgelehnt. Die folgenden Angaben über die finanziellen Ergebnisse umfassen 82 % aller *eröffneten* (2 399) Konkursverfahren und 76 % der Vergleichsverfahren. Danach waren Forderungen in Höhe von DM 1,495 Milliarden angemeldet worden, von denen die Gläubiger DM 1,250 Milliarden (= 84,1 %) einbüßten. Diese Zahl muß noch um etwa 20 % für die noch nicht ausgewerteten Verfahren erhöht werden. Zu diesen Verlusten kommen weiterhin die nicht feststellbaren Gläubigereinbußen bei den mangels Masse nicht eröffneten Konkursverfahren hinzu.

Die genannten Zahlen spiegeln nur die Verluste wider, die Gläubiger bei Konkursen oder Vergleichsverfahren ihrer Schuldner erleiden. Für den Umfang der Verluste aus anderen Zahlungsschwierigkeiten lassen sich nur Anhaltspunkte nennen, da jeweils nicht feststellbar ist, ob es sich wirklich nur um eine (vorübergehende) Zahlungsschwierigkeit handelt oder ob dieser ein echter Verlust folgt. Das gleiche gilt für die Verluste der gewerblichen Wirtschaft aus ihren Leistungen an Endverbraucher. Auch hier sind die Verluste mangels Erfassung nur schätzbar. So weist Kierdorf[2] darauf hin, daß allein in Nordrhein-Westfalen jährlich 1,3 Millionen Vollstreckungsmaßnahmen durchgeführt werden; die Quote der erfolglosen Vollstreckungen betrage etwa 60 %.

Schließlich wurden in der Bundesrepublik im Jahre 1968 rund 301 000 Wechsel über einen Gesamtbetrag von DM 491 Millionen zu Protest gegeben[3]. Im gleichen Zeitraum wurden rund 820 000 nicht eingelöste Schecks über einen Gesamtbetrag von DM 661 Millionen registriert. Der Durchschnittsbetrag je protestierten Wechsel betrug DM 1 631.—, je nicht eingelösten Scheck DM 806.—. Die Vergleichszahlen für 1967 liegen sowohl hinsichtlich der Anzahl als auch der Forderungshöhe wesentlich darüber[4]. Es ist damit zu rechnen, daß ein erheblicher Anteil der nicht eingelösten Wechsel und Schecks zu endgültigen Ausfällen bei den Gläubigern geführt hat.

---

[2] Werden Schuldner in der Bundesrepublik Deutschland subventioniert? in RWD 1969, 43.

[3] Einschließlich Teilzahlungskreditinstitute; nicht erfaßt sind die Wechselproteste durch Postanstalten sowie diejenigen von Privaten durch Notare und Gerichtsvollzieher.

[4] Statistisches Jahrbuch für die Bundesrepublik Deutschland 1969, S. 361.

Als weiterer Anhaltspunkt für das Ausmaß an Forderungsausfällen mag die Zahl der bei den Gerichten der Bundesrepublik einschließlich West-Berlins anhängig gewesenen Mahnsachen dienen, denn in gewisser Weise wird man die Geschäftsanfallstatistiken der Amtsgerichte als Statistiken der Zahlungsschwierigkeiten ansehen können. Im Jahre 1966 wurden bei den deutschen Amtsgerichten 4 063 954, im Jahre 1967 schon 4 412 249 Mahnsachen registriert[5]. Im Bereich der Amtsgerichte des Landes Berlin wurden im Jahre 1968 insgesamt 94 083 „Vollstreckungssachen" erledigt, im Jahre 1969 betrug diese Zahl 92 911, darunter befanden sich 50 423 bzw. 49 291 Offenbarungseidsachen[6]. Aus den genannten Verlustzahlen und den mitgeteilten Anhaltspunkten für nicht erfaßte Forderungsausfälle wird deutlich, daß der kreditgebenden Wirtschaft jährlich Milliardenverluste entstehen. Dem präventiven Kreditschutz kommt damit eine große Bedeutung sowohl für das einzelne Unternehmen wie auch für die gesamte Volkswirtschaft zu.

Auf der anderen Seite müßte auch die öffentliche Hand daran interessiert sein, durch Maßnahmen der Gesetzgebung und der Justizverwaltung Verlusten entgegenzuwirken, haben diese durch die Möglichkeit steuerlicher Abschreibung doch Ausfälle an Steuermehreinnahmen zur Folge, deren Höhe beträchtlich sein dürfte. Dieses Interesse müßte sich schließlich aus volkswirtschaftlichen und damit wirtschaftspolitischen Einsichten ergeben, da Insolvenzen bekanntlich zu einer nicht vertretbaren Verschleuderung des Schuldnervermögens führen, ein Umstand, der weder dem Gläubiger noch der Volkswirtschaft etwas nützen kann[7]. Auch in einer freiheitlichen Wirtschaftsordnung sollten Unternehmenszusammenbrüche nicht allein Privatsache sein.

---

[5] Statistisches Jahrbuch für die Bundesrepublik Deutschland 1969, S. 101.

[6] Zahlenangaben des Senators für Justiz in Berlin; nicht veröffentlicht.

[7] Vgl. Götz, Ist unser Insolvenzrecht reformbedürftig? in Arbeitgeb. 1967, 400.

Erster Abschnitt

Präventiver Kreditschutz

§ 2 Die Handelsauskunfteien

Zu den geradezu „klassischen" Kreditschutzeinrichtungen auf dem Gebiet des präventiven Kreditschutzes gehören die Handelsauskunfteien, denen vorzugsweise eine kreditberatende Funktion zukommt. Das gilt für die meisten Fälle der Kreditgewährung und für fast alle Zweige der kreditgebenden Wirtschaft.

Für Kreditinstitute ist die Kreditwürdigkeitsprüfung nach § 18 KWG eine gesetzliche Verpflichtung, eine Maßnahme, die dem Schutz der Kundeneinlagen dienen soll. Für die übrigen Bereiche der kreditgebenden Wirtschaft ist sie eine Notwendigkeit, kann doch schon die Insolvenz eines bedeutenden Abnehmers den finanziellen Zusammenbruch des kreditgebenden Unternehmens bedeuten. Während es jedoch für Banken verhältnismäßig einfach ist, von ihren Kreditnehmern — insbesondere unter Berufung auf § 18 KWG — die Offenlegung der wirtschaftlichen Verhältnisse zu verlangen, ist dieses im Bereich der Lieferantenkredite aus verschiedenen Gründen ungleich schwerer. Zu diesen Schwierigkeiten zählen die räumliche Entfernung zwischen Lieferant und Abnehmer und die schwere Beschaffbarkeit verläßlicher Informationen über den Kreditnehmer[1]. Hinzu kommen psychologische Hemmnisse und ein häufig zu beobachtendes Unverständnis des Abnehmers, vor allem, wenn er eine starke Marktposition hat.

Hier können die Berichte der Handelsauskunfteien dem Kreditgeber die Prüfung der Verhältnisse des Kreditnehmers erleichtern. Es soll daher untersucht werden, in welchem Maße der Kreditgeber die Auskünfte gewerblicher Auskunfteien seiner Kreditentscheidung zu Grunde legen kann.

Nach den ersten Anfängen in Italien (Venedig 1494), England (1830) und den USA (1. Hälfte des 19. Jahrhunderts)[2] wurde im Jahre 1859 das erste deutsche Auskunftsbüro in Dresden gegründet, dem drei Jahre später ein Büro in Berlin folgte[3]. Es fällt auf, daß der Beginn des

[1] Vgl. Geyer, Die Aussagefähigkeit, S. 17.

[2] Vgl. dazu Windolph, Auskunfteiwesen, in Lexikon, S. 86.

[3] Geyer, Die Aussagefähigkeit, S. 17.

Auskunftswesens in Deutschland mit der Ausweitung der Verkehrsmittel und damit dem Beginn der Industrialisierung zeitlich zusammenfällt. Während sich bis dahin der Kreis der Abnehmer in der Regel auf die nähere Umgebung des Produzenten beschränkte, gewinnt nun der Fernhandel zunehmend an Bedeutung. Dem Lieferanten wird die eigene Erkundung über Person und wirtschaftliche Verhältnisse des Kunden immer mehr unmöglich. Diese Informationslücke zu schließen wird nunmehr Aufgabe der Auskunfteien.

I. Entwicklung und Verbreitung in Deutschland

Im Jahre 1872 wird in Frankfurt am Main durch Wilhelm Schimmelpfeng ein „Auskunfts- und Kontrollbüro für geschäftliche, insbesondere Kreditverhältnisse" gegründet, ein Unternehmen, das heute unter der Firma „Auskunftei W. Schimmelpfeng — Deutsche Auskunftei GmbH." mit Sitz in Hamburg zu den führenden deutschen Unternehmen dieser Branche gehört[4]. Im Jahre 1879 erfolgt durch Mainzer Kaufleute die Gründung eines „Verein Barzahlung", der noch im gleichen Jahre seinen Namen in „Verein Creditreform zum Schutze gegen schädliches Kreditgeben" ändert[5]. Die vorliegende Untersuchung stützt sich auf die Kenntnis dieser beiden Großauskunfteien. Neben den beiden genannten Auskunfteien spielen in der Bundesrepublik nur noch die 1885 gegründete „Handelsauskunftei Martin Bürgel", heute „Zentrale der Vereinigten Auskunfteien Bürgel GmbH." in Aachen, die 1863 gegründete niederländische „Mutua Confidentia Wys Muller & Co.", die heute „Verband Deutscher Wys Muller Auskunfteien" firmiert, sowie die 1841 in den USA gegründete, in Deutschland unter „Dun & Bradstreet G.m.b.H." arbeitende Gesellschaft eine Rolle[6].

Die mittleren und kleineren Auskunfteien arbeiten meistens nur an einem Ort. Ihre Bedeutung für den Kreditschutz ist daher begrenzt, es sei denn, der Anfragende wendet sich für die verschiedenen Orte jeweils an die dort ansässige Auskunftei. Dieses Verfahren birgt jedoch neben mancherlei organisatorischen Schwierigkeiten die Gefahr in sich, daß die verschiedenen Kleinauskunfteien nicht nach einem einheitlichen Schema arbeiten, wie das bei Großauskunfteien der Fall ist. Die Beurteilung persönlicher und wirtschaftlicher Verhältnisse erfolgt

[4] Im Auftrage Schimmelpfengs wurde 1888 von dem Germanisten von Pfister-Schwaighusen der Begriff der „Auskunftei" als Kennzeichnung gewerblicher Auskunftserteilung geschaffen, vgl. dazu Geyer, Die Aussagefähigkeit, S. 9.

[5] Zergiebel, Der Kreditschutz in Handel und Gewerbe, S. 25.

[6] Die drei Handelsauskunfteien Schimmelpfeng, Creditreform und Bürgel haben sich zur Vertretung gemeinsamer Interessen zu einem „Verband der Handelsauskunfteien e. V." in Hamburg zusammengeschlossen.

schließlich unter recht subjektiven Gesichtspunkten, für die sich bei den einzelnen Geschäftsstellen der Großauskunfteien einheitliche Kriterien herausgebildet haben.

1. Die Rechts- und Organisationsform der Auskunftei Schimmelpfeng

Die Auskunftei Schimmelpfeng arbeitet in der Rechtsform der GmbH mit einer Zentrale in Hamburg. Sie verfügt in der Bundesrepublik einschließlich West-Berlin über fast 100 Geschäftsstellen, weiterhin über selbständige Auslandsgesellschaften in Belgien mit einer Geschäftsstelle in Brüssel, in Dänemark mit einer Geschäftsstelle in Kopenhagen sowie in Österreich mit insgesamt sieben Geschäftsstellen. Die deutschen Geschäftsstellen sind rechtlich nicht selbständig.

In aller Regel werden die Anfragenden Mitglieder der Schimmelpfeng-Organisation, insbesondere dann, wenn sie häufiger Auskünfte benötigen. Daneben besteht die Möglichkeit, Einzelauskünfte zu erhalten, ohne Mitglied zu sein, dies allerdings zu wesentlich höheren Preisen. Die Mitgliedschaft in der Organisation verleiht die Berechtigung, sämtliche Dienste der Schimmelpfeng-Organisation in Anspruch zu nehmen. Dazu gehören neben der eigentlichen Auskunftstätigkeit die Herausgabe von Einführungsbriefen, mit denen der Kunde Informationen aller Schimmelpfeng-Niederlassungen auf Geschäftsfahrten einholen kann, der Nachweis von Geschäftspartnern und Vertretern, die Zurverfügungstellung eines Wirtschaftsdienstes, ein Mahn- und Inkassodienst und anderes.

Der Erwerb der Mitgliedschaft in der Organisation Schimmelpfeng bedeutet keine vereinsrechtliche Bindung des Anfragenden an die Auskunftei. Ebensowenig werden dadurch die vertraglichen Beziehungen zwischen dem Auskunftsempfänger und der Auskunftei berührt. Durch die Mitgliedschaft wird also lediglich die stärkere geschäftliche Beziehung des Kunden zur Auskunftei Schimmelpfeng zum Ausdruck gebracht. Im übrigen ist auch die Schimmelpfeng-Organisation aus betrieblichen Gründen daran interessiert, den Kreis ihrer Kunden überschaubar zu halten. Wenn dafür die Konstruktion einer Mitgliedschaft gewählt wurde, ohne besondere rechtliche Bindungen anzustreben, so erscheint das eher als psychologische Maßnahme, um ein gewisses Zugehörigkeitsgefühl zur Auskunftei herzustellen.

Der Auskunftsverkehr wird in der Weise abgewickelt, daß der Kunde ein Abonnement mit einer von ihm gewünschten Anzahl von Anfragezetteln erwirbt, die ihm das Recht auf eine entsprechende Anzahl von Auskünften über kaufmännische Firmen oder selbständige Gewerbetreibende gibt.

Bei dem Erwerb eines Abonnements handelt es sich um einen tatsächlichen, kaufähnlichen Vorgang. Das Abonnement stellt den im voraus bezahlten Werklohn dar, je nach Anzahl der abonnierten Anfragezettel mit gestaffelten Preisen.

Nach Nr. 3 der Geschäftsbedingungen der Auskunftei Schimmelpfeng gilt die Übersendung eines Anfragezettels, der mit Name und Anschrift des Auskunftsbezogenen[7] versehen ist, als Auftrag zur Lieferung einer Auskunft. Die Auskunftei hat das Recht, Auskünfte ohne Angabe von Gründen zu verweigern oder sich auf eine mündliche Auskunft zu beschränken.

Neben der Verpflichtung des Kunden zur Nichtweitergabe der erhaltenen Auskunft und der Vereinbarung einer Vertragsstrafe für den Fall einer Zuwiderhandlung enthalten die Geschäftsbedingungen der Auskunftei Schimmelpfeng in Nr. 5 folgende Haftungsausschlußklausel:

„Die Auskunftei ist für die Folgen keiner wie immer gearteten Entschließung haftbar, die ein Kunde auf Grund ihrer Auskünfte oder sonstiger Dienstleistungen trifft. Das Risiko, das mit der Verwendung von Angestellten, Vertrauensmännern oder sonstigen Quellen verknüpft ist, trägt ausschließlich der Auftraggeber. Die mäßige Gebühr für die Auskunft schließt jeden Gedanken an eine Haftung aus. Es ist daher der Auskunftei ausdrücklich jedwede Haftung für ein Verschulden aller derjenigen Personen erlassen, deren sie sich zur Erfüllung ihrer Verbindlichkeiten bedient."

Die Auskunftei Schimmelpfeng ist eine zentralistisch aufgebaute Großauskunftei mit rechtlich unselbständigen Zweigstellen, deren Mitarbeiter Angestellte der Auskunftei sind. Die Durchschläge sämtlicher von den Zweigstellen herausgegebenen Auskünfte werden in einem Zentralarchiv in Hamburg gesammelt.

2. Die Rechts- und Organisationsform der Vereine Creditreform

Eine grundsätzlich andere rechtliche Konstruktion und einen anderen organisatorischen Aufbau haben die „Vereine Creditreform zum Schutze gegen schädliches Kreditgeben e. V." (im folgenden kurz Creditreform genannt) gewählt. Der einzelne Verein Creditreform hat die Rechtsform eines eingetragenen Vereins, der nach § 2 der Satzung folgenden Zweck verfolgt:

„1. Eine zeitgemäße, allgemeine Reform des Kredits anzubahnen und dessen Mißbrauch zu verhindern; insbesondere die Mitglieder durch vertrauliche Mitteilungen vor geschäftlichen Verlusten zu schützen, eine möglichst sichere Auskunftserteilung über Geschäfts- und Kreditverhält-

[7] In Anlehnung an Geyer, Die Aussagefähigkeit, S. 11, soll diese Bezeichnung für den in seiner Kreditwürdigkeit zu Beurteilenden verwandt werden, da die sonst gebräuchlichen Bezeichnungen wie „Angefragter", „Beauskunfteter" oder „Geschilderter" sprachlich und inhaltlich noch weniger überzeugen.

nisse herbeizuführen, die Einziehung von unbestrittenen Forderungen für die Mitglieder vorzunehmen, Handels- und Rechtsschutzinteressen zu fördern.

2. Die Verfolgung von Erwerbszwecken, politischen, sozialpolitischen oder religiösen Zwecken ist ausgeschlossen."

Der Aufgabenkatalog der Vereine Creditreform ergibt sich aus § 3 der Satzung. Dort heißt es:

„Der Zweck des Vereins soll erreicht werden:

a) durch das Vereinsbüro, welches die Vereinsinteressen zu wahren und die satzungsgemäßen Anforderungen der Mitglieder zu befriedigen hat;

b) durch Versammlungen, in denen die Mitglieder Erfahrungen aus dem Gebiet des Geschäftslebens, soweit sie allgemeine Interessen berühren, untereinander austauschen und Mitteilungen entgegennehmen;

c) durch Aufgabe der durch die Vereinstätigkeit ermittelten Schuldner, welche auf Anmahnung des Vereins Zahlung nicht geleistet haben, ohne die Forderung zu bestreiten, für die „Vertrauliche Liste" und die Auskunftserteilung daraus an die Mitglieder;

d) durch die Zeitschrift „Creditreform" nebst „Suchliste";

e) durch den ständigen Verkehr mit den anderen Vereinen Creditreform zum Zwecke gegenseitiger Unterstützung bei Wahrung der Vereinsinteressen und des Austausches der auf dem Vereinsgebiet gemachten Erfahrungen und

f) durch die Vereinigung der sämtlichen, gleiche Ziele verfolgenden Vereine Creditreform in der Creditreform-Zentralverwaltung."

Mitglieder des Vereins Creditreform können Firmen, Gewerbetreibende und andere juristische sowie geschäftsfähige natürliche Personen werden, wobei die Mitgliedschaft anfangs zwei volle Jahre aufrechterhalten werden muß. Die Höhe des von den Mitgliedern zu entrichtenden Jahresbeitrags wird von der Creditreform-Zentralverwaltung festgesetzt: er beträgt zur Zeit zwischen DM 60.— und DM 120.—.

Die Rechte der Mitglieder in der Mitgliederversammlung sind verhältnismäßig schwach ausgestaltet. So hat eine solche Versammlung nur alle zwei Jahre stattzufinden, sie ist ohne Rücksicht auf die Zahl der erschienen Mitglieder beschlußfähig[8]. Die Mitgliederversammlung kann nur über Ergänzungen der Satzung beschließen; Änderungen dagegen sind den Beschlüssen der Mitgliederversammlung der Creditreform-Zentralverwaltung, dem Zusammenschluß aller Vereine Creditreform, vorbehalten.

Eine interessante, vereinsrechtlich dagegen ungewöhnliche Ausformung hat die Stellung des Geschäftsführers erfahren. Der Geschäftsführer wird vom Vorstand des Vereins auf Lebenszeit bestellt, die Beschlußfassung darüber hat einstimmig zu erfolgen und bedarf der

[8] § 12 der Satzung.

Zustimmung der Creditreform-Zentralverwaltung. Kommt eine Einmütigkeit nicht zustande, geht das Recht auf Bestellung des Geschäftsführers auf die Creditreform-Zentralverwaltung über[9].

Der Geschäftsführer bekommt, und auch das ist für eine Vereinsverfassung ungewöhnlich, sämtliche Vereinseinnahmen, davon hat er die Geschäftsstelle zu unterhalten und die Beiträge an die Creditreform-Zentralverwaltung abzuführen[10].

Die Entlassung eines Geschäftsführers kann sowohl von seiten des Vereinsvorstandes als auch der Creditreform-Zentralverwaltung ausgesprochen werden, entsprechend der starken Stellung des Geschäftsführers jedoch nur dann, wenn er dauernd unfähig zur Geschäftsführung wird, entmündigt ist, unter Aberkennung der bürgerlichen Ehrenrechte strafrechtlich verurteilt ist, in Konkurs gerät oder wenn er gröblich den Interessen der Mitglieder oder des Verbandes entgegenarbeitet[11].

Aus § 25 der Satzung gewinnt man den Eindruck, als sei die Vereinsform weniger im Interesse der Mitglieder, für die er ja einzustehen hat, als vielmehr im Interesse der Auskunftstätigkeit gewählt worden. Dort heißt es nämlich, im Interesse des Vereins werde vorausgesetzt, daß „die Mitglieder den Geschäftsführer bei der Auskunftserteilung möglichst unterstützen". Dies wird aus der Festschrift zum 75jährigen Bestehen der Creditreform noch deutlicher, wenn darin zum Ausdruck gebracht wird, daß der Kunde einer Auskunftei oft geneigt sein könne, auf Anfragen zu antworten, daß er keinen Anlaß sehe, ihr bei der Beschaffung von Auskunftsmaterial zu helfen. Das Mitglied eines Vereins sehe das auch als seine eigene Sache an, ungeachtet des Umstandes, daß es nicht nur Mitglied, sondern auch Kunde der Auskunftei sei.

Das Verfahren bei der Erteilung von Handels- und Kreditauskünften ist in einer Geschäftsordnung geregelt. Hierin sind Haftungsausschluß, Verpflichtung zur Geheimhaltung, Eigentumsvorbehalt des Vereins an den Auskünften, Anfragezetteln und dergleichen in ähnlicher Weise geregelt wie bei der Auskunftei Schimmelpfeng.

Bei der ursprünglichen Zielsetzung der Creditreform, dem Erfahrungsaustausch unter den Mitgliedern, ist die Vereinsverfassung verständlich, nicht dagegen bei einer gewerblich betriebenen Auskunftei in einer Ausgestaltung, wie sie oben beschrieben wurde. Auch Schroif[12]

---

[9] § 18 der Satzung.

[10] § 20 der Satzung

[11] § 23 der Satzung.

[12] Genossenschaftliche Gebilde, S. 178; fast gleichlautend Verein Creditreform e. V., in Arch. f. ö. u. fr. U. Band 6 S. 343.

bezweifelt, ob in diesem Falle die Wahl der Vereinsverfassung tatsächlich auf die Förderung der Gemeinschaftsidee zurückzuführen ist oder ob nicht die Geschäftsleitung vielmehr finanzielle, insbesondere steuerliche Vorteile und die Minderung des Risikos durch die Wahl der Vereinsform erreichen will. Diese Vermutung liegt schon deshalb nahe, weil im Bereich der Auskunftstätigkeit auch das Nichtmitgliedergeschäft gepflegt wird. Sicher erstrebt der Verein selbst keine Gewinne, immerhin erhält der Geschäftsführer die gesamten Vereinseinnahmen als Honorar.

Es muß deshalb überraschen, daß die Registergerichte der Eintragung gemäß § 21 BGB — soweit ersichtlich — kaum Hindernisse in den Weg legen, weil man durchaus der Meinung sein kann, daß hier ein „wirtschaftlicher Geschäftsbetrieb" im Sinne des § 21 BGB stattfinde. Schließlich ist die gesamte Vereinstätigkeit auf die Förderung wirtschaftlicher Interessen der Mitglieder gerichtet. Daher ist Schopp[13] und Staudinger-Coing[14] darin zuzustimmen, daß den Vereinen Creditreform die Eintragung als nichtwirtschaftliche Vereine zu versagen sei[15]. Dagegen vermögen die Entscheidungen des OLG Stuttgart[16], des LG Hamburg[17] sowie des OLG München[18] nicht zu überzeugen, wenn sie zum Ausdruck bringen, die Vereine Creditreform seien nichtwirtschaftliche Vereine und daher nach § 21 BGB in das Vereinsregister eintragungsfähig. Insbesondere das LG Hamburg[17], das auch die Inkassotätigkeit der Vereine Creditreform berücksichtigt, führt aus, daß von einem wirtschaftlichen Geschäftsbetrieb dann gesprochen werden müsse, wenn die Tätigkeit unmittelbar einen wirtschaftlichen Erfolg für den Verein oder aber seine Mitglieder herbeiführe[19].

Offenbar hat die von den Vereinen Creditreform gewählte Konstruktion der Trennung von Geschäftsführer als selbständigem Unternehmer einerseits und Verein andererseits[20] die Gerichte dazu veranlaßt, die Tätigkeit des Vereins selbst als nicht auf einen wirtschaftlichen Geschäftsbetrieb gerichtet anzusehen. Eine Anfrage des Verfassers an die Creditreform-Zentralverwaltung, den Zusammenschluß aller Vereine Creditreform, mit dem Inhalt, daß die Rechtsform des eingetragenen Vereins angesichts der eminent wirtschaftlichen Zielsetzung der ein-

---

[13] Die Bedeutung der Vereinsverfassung, in Rpfleger 1959, 336.

[14] Anm. 19 zu § 21.

[15] So auch LG Köln DJZ 1900, 120 und LG Hamburg Hans RGZ Beibl. 1900, 87.

[16] OLG 1, 15.

[17] JW 1937, 1730.

[18] JFG 20, 61.

[19] Für die Eintragungsfähigkeit spricht sich mit ausführlicher Begründung und weiteren Nachweisen Zergiebel, Der Kreditschutz in Handel und Gewerbe, S. 43 ff. aus.

[20] Vgl. §§ 19 ff. der Satzung der Vereine Creditreform.

zelnen Vereine mindestens ungewöhnlich sei, wurde dahin beantwortet, die ersten Vereine seien bereits „kurz nach Inkraftreten des Bürgerlichen Gesetzbuches im Jahre 1900 in die Vereinsregister eingetragen worden".

Daß es an manchen Orten Schwierigkeiten mit der Eintragung in das Vereinsregister gegeben haben muß, beweist ein Hinweis in der Festschrift zum 75jährigen Bestehen der Creditreform im Jahre 1954. Danach haben sich an „zahlreichen Plätzen" die Geschäftsführer als Inhaber einer Handelsauskunftei Creditreform in das Handelsregister eintragen lassen. Diese Auskunftei habe einen einzigen Kunden, nämlich den Verein Creditreform, für dessen Mitglieder sie tätig sei. Auf diese Weise werde „die Eintragungsfähigkeit der Vereine für das Vereinsregister nicht berührt"[21].

Die Stellung des Geschäftsführers als selbständiger Unternehmer hat sich in der Praxis außerordentlich bewährt. Insbesondere die wirtschaftliche Unabhängigkeit und das eigene wirtschaftliche Interesse an hohen Vereinseinnahmen haben zu großer Leistungsbereitschaft geführt.

Zur Zeit gibt es in der Bundesrepublik einschließlich West-Berlin 108 Vereine Creditreform sowie 70 den einzelnen Vereinen zugeordnete Filialen. Die Gesamtorganisation betreut mehr als 65 000 Mitglieder, diese Zahl hat in den letzten Jahren durchschnittlich um jeweils 1 000 pro Jahr zugenommen. Die Creditreform erteilt jährlich etwa 5 Millionen Auskünfte und verfügt damit über einen Marktanteil am gesamten Auskunftswesen in Deutschland von etwa einem Drittel.

Daneben verfügt die Organisation Creditreform in Österreich, der Schweiz, den Niederlanden und den skandinavischen Ländern über eigene Schwesterorganisationen, die nach deutschem Muster aufgebaut sind. Der Verkehr mit dem übrigen Ausland wird über Vertragsunternehmen abgewickelt[22].

Die 108 Vereine Creditreform sind in der „Creditreform-Zentralverwaltung e. V." mit Sitz in Neuss zusammengefaßt, an deren Willensbildung sie durch ihre Geschäftsführer in der Mitgliederversammlung teilnehmen. Die starke Stellung der Creditreform-Zentralverwaltung bei der Bestellung eines Vereinsgeschäftsführers ist oben[23] dargestellt. Daneben wird die Verbandsspitze in allen Fragen tätig, deren Bedeutung über den Aufgabenkreis des einzelnen Vereins hinausgeht. Die Organisationstätigkeit der Creditreform-Zentralverwaltung kommt darin zum Ausdruck, daß sie die Richtlinien erarbeitet, die für die

[21] Ähnlich auch Rödl, Die Vereine Creditreform, in Creditreform 4/1969, 5.
[22] Vgl. Rödl, Die Vereine Creditreform, in Creditreform 4/1969, 8.
[23] Vgl. S. 20 f.

Arbeit des einzelnen Vereins maßgebend sind. Damit ist sichergestellt, daß die Beurteilungsrichtlinien und der äußere Aufbau bei der Abfassung der Auskünfte bei jedem Verein im wesentlichen gleich sind. Weiterhin werden die Auskunftspreise für die einzelnen Vereine Creditreform von der Creditreform-Zentralverwaltung einheitlich festgesetzt. Desgleichen übernimmt die Creditreform-Zentralverwaltung die Abwicklung des Auskunftsverkehrs mit dem Ausland.

Die Vereine Creditreform haben also eine dezentralisierte Organisationsform gewählt, bei der die Verbandsspitze allgemeine Organisations- und Lenkungsaufgaben wahrnimmt. Damit sind gleichzeitig alle Vorteile einer zentralistischen Organisation vorhanden.

II. Das einer Auskunft zu Grunde liegende Auskunftsmaterial

Die Erteilung einer Auskunft geht in der Weise vor sich, daß die Auskunftei bei einer Anfrage seitens ihres Abonnenten oder Mitgliedes auf das Archivmaterial zurückgreift. Erweist sich dieses als unvollständig oder veraltet, müssen weitere Ermittlungen angestellt werden. Wenn auch das Archiv selbst keine Informationsquelle darstellt, ist es eminent wichtig, das dort gesammelte Material möglichst vollständig und zeitnah vorrätig zu haben, einmal, um auch mit eiligen Auskünften dienen zu können, zum anderen deshalb, weil die Sammlung von Archivmaterial zu günstigeren Kosten erfolgen kann als die etwa nötig werdenden Berichte der Rechercheure.

Der Aufbau und die Vervollständigung des Auskunftsarchivs gehen in der Weise vor sich, daß die Auskunftei bemüht ist, *laufend* alle ihr zugänglichen Informationsquellen auszuschöpfen. Dazu gehört insbesondere die Sammlung aller Veröffentlichungen der Registergerichte. Die Eintragungen und Veränderungen im Handelsregister, die im Bundesanzeiger bekanntgemacht werden, sind aus einigen ausgewählten Tageszeitungen zu entnehmen. Die Veränderungen im Genossenschafts- und Güterrechtsregister ergeben sich aus den Amtsblättern.

Ein besonderes Verfahren ist für Auszüge der von den Amtsgerichten nach §§ 915 ZPO, 107 Abs. 2 KO zu führenden Schuldnerverzeichnisse gewählt worden. Nach einer „Allgemeinen Vorschrift über die Erteilung und die Entnahme von Abschriften oder Auszügen aus den Schuldnerverzeichnissen" vom 1. 8. 1955[24] können fortlaufend Abschriften aus den Schuldnerverzeichnissen gefertigt und diese Rechtsanwaltskammern, Industrie- und Handelskammern, Handwerkskammern und gleichartigen Berufsvertretungen zur Verfügung gestellt werden. Dies gilt auch für „andere vertrauenswürdige Unternehmungen (z. B. Aus-

[24] BAnz. Nr. 156 vom 16. 8. 1955, S. 2.

kunfteien)"[25]. Aus diesen Abschriften dürfen Auskunfteien *vertrauliche* Auskünfte bis zum Ablauf der Löschungsfristen[26] erteilen. Die Bezieher der Abschriften haben eine entsprechende Verpflichtungserklärung abzugeben.

Im Bereich des Landes Berlin werden die Abschriften im Auftrage der Industrie- und Handelskammer zu Berlin von einem Verlag gefertigt und in Listenform unter Hinweis auf die Grenzen, innerhalb derer sie benutzt werden dürfen, den Berechtigten weitergegeben. Dieser Hinweis lautet:

„Die Bezieher des Vertraulichen Informationsdienstes dürfen die hierin enthaltenen Schuldnerlisten und Eintragungen gemäß § 107 KO weder vervielfältigen noch anderen zur Einsicht überlassen, nur im Einzelfalle ist hieraus eine vertrauliche Auskunftserteilung zulässig. Die Ausgaben sind sorgsam aufzubewahren und zu dem jeweils angegebenen Termin zu vernichten. Die Schuldnerlisten enthalten Auskünfte aus dem Zentralschuldnerverzeichnis des AG Schöneberg. Eine Gewähr für Richtigkeit und Vollständigkeit wird nicht übernommen, ebenso keine Haftung für evtl. Schreibbzw. Druckfehler oder sonstige Irrtümer."

Auch dieses Material wird in den Archiven der Auskunfteien gesammelt.

An dieser Stelle sei auf einen beachtlichen Vorschlag hingewiesen, der die praktische Verwertbarkeit der bei den Amtsgerichten geführten Schuldnerverzeichnisse für einen präventiven Kreditschutz erhöhen soll[27]. Während die Schuldnerverzeichnisse heute von dem AG am Wohnort des Schuldners geführt werden, der Schuldner sich also durch Wohnsitzwechsel in den Bereich eines anderen AG als „unbelastet" ausweisen kann, soll die Einrichtung einer zentralen Schuldnerkartei für das Bundesgebiet einschließlich West-Berlin diesen Nachteil vermeiden und die Kreditaufnahme bereits zahlungsfähiger Schuldner verhindern. Von seiten des Bundesministeriums der Justiz wird dieser Vorschlag geprüft[28].

Dem Verfasser ist vom „Verband Rechts- und Wirtschaftsdienste e. V." in Bonn eine Ausarbeitung zugänglich gemacht worden, die sich detailliert mit der Frage der Einrichtung einer zentralen Schuldnerkartei befaßt. Danach sollen neben den bereits heute durch die §§ 915 Abs. 1 ZPO, 107 Abs. 2 KO erfaßten Tatbeständen sämtliche durch Gerichtsvollzieher versuchte, fruchtlos gebliebene Pfändungen in einer Datenverarbeitungsanlage gesammelt und auf Anfrage zur Verfügung gestellt werden. Die Anfragen könnten nach der durchgeführten Kal-

---

[25] So wörtlich § 1 Abs. 2 der AV.

[26] Drei Jahre nach § 915 Abs. 2 ZPO, fünf Jahre nach § 107 Abs. 2 KO.

[27] Vgl. Kierdorf, Dokumentation, S. 2, 44.

[28] Stellungnahme vom 23. 7. 1968, Gesch.-Z. 3760 — 11 498/68 —, abgedruckt in Kierdorf, Dokumentation, S. 71 f.

kulation innerhalb von drei bis sechs Tagen zu einem Preis von weniger als DM 2.— pro Stück bearbeitet werden.

Die Einrichtung und Führung einer solchen Kartei wird man aus Haftungsgründen möglicherweise nicht der Privatwirtschaft überlassen können.

Wenn es auch zweifelhaft ist, ob angesichts der Tatsache, daß einige der überregional arbeitenden Kreditschutzorganisationen die Schuldnerverzeichnisse auch überregional auswerten, tatsächlich ein Bedürfnis nach einer zentralen Schuldnerkartei besteht, so sollte andererseits die Frage, welche Vorteile die Zentralisierung auf diesem Gebiet mit sich bringen kann, eingehend geprüft werden.

Darüberhinaus verfügen die Auskunfteien über die an sich nur Kreditinstituten zugänglichen „Wechselprotestlisten" der „Arbeitsgemeinschaft des Bankgewerbes G.m.b.H." in Frankfurt am Main, in der alle durch Banken veranlaßten Wechselproteste verzeichnet sind.

Schließlich dienen allgemein zugängliche Informationen aus der Wirtschaftspresse, veröffentliche Bilanzen, Geschäftsberichte, Nachschlagewerke, Branchenverzeichnisse und ähnliches der Vervollständigung der Archivunterlagen, daneben werden Abschriften aller früher erteilten Auskünfte im Archiv gesammelt.

Stellt sich bei einer Anfrage heraus, daß das Archivmaterial für die Erstellung einer Auskunft (sogenannte „vorrätige Auskunft") nicht ausreicht, müssen weitere Ermittlungen, überwiegend durch eigene Mitarbeiter (sogenannte „Rechercheure"), an Plätzen ohne eigene Niederlassung durch Korrespondenten, angestellt werden. Der Rechercheur stützt sich hierbei in erster Linie wieder auf allgemein zugängliche Informationsquellen der oben beschriebenen Art. Dabei unterliegt die Einsichtnahme in das Genossenschafts- und Güterrechtsregister keinen Einschränkungen, das gleiche gilt gemäß § 915 Abs. 3 ZPO für das Schuldner- und gemäß § 107 Abs. 2 KO für das Konkursverzeichnis. Gemäß § 9 Abs. 1 HGB ist die Einsichtnahme in das Handelsregister jedem gestattet. Abschriften der zum Handelsregister eingereichten Schriftstücke wie Gesellschaftsverträge oder Eröffnungsbilanzen konnten bisher nur verlangt werden, sofern ein besonderes Interesse glaubhaft gemacht worden war. Hier ist durch das „Gesetz zur Durchführung der 1. Richtlinie des Rates der Europäischen Gemeinschaften zur Koordinierung des Gesellschaftsrechts" mit Wirkung vom 1. 9. 1969 insofern eine Änderung — und für die Auskunfteien eine Erleichterung — eingetreten, als Abschriften nunmehr ohne Nachweis eines berechtigten Interesses verlangt werden können[29].

[29] Vgl. zu der Gesetzesänderung Bauer, Die Auskunftspflicht der Registergerichte, in RWD 1969, 365.

Auskünfte aus dem Strafregister werden den Auskunfteien nicht erteilt[30].

Die Einsicht in das Grundbuch ist den Auskunfteien nicht möglich, da dieses gemäß § 12 Abs. 1 GBO nur bei Darlegung eines berechtigten Interesses gestattet ist. Dieser Nachweis wird den Auskunfteien in aller Regel nicht möglich sein[31].

Die eingeschränkte Öffentlichkeit des Grundbuchs wird von den Auskunfteien heftig bedauert[32], es wird in diesem Zusammenhang darauf verwiesen, daß das Schiffsregister, das dem Grundbuch wesensverwandt sei, uneingeschränkt eingesehen werden könne.

In der Tat scheint es unverständlich, warum es den Auskunfteien verwehrt sein soll, sich über diesen in aller Regel bedeutendsten Vermögenswert des Auskunftsbezogenen zu informieren[33]. Es sei in diesem Zusammenhang an die Regelung hinsichtlich der Schuldnerverzeichnisse erinnert, wo die Auskunfteien ausdrücklich als „vertrauenswürdige Unternehmen" bezeichnet werden. Sicher ließe sich de lege ferenda eine Regelung denken, die den Auskunfteien bei Einsichtnahme in das Grundbuch gewisse Diskretionspflichten auferlegt, um die Interessen des Grundstückseigentümers zu wahren. Eine Erweiterung der einschränkenden Regelung des § 12 Abs. 1 GBO ist im übrigen nach § 12 Abs. 3 GBO im Gesetz vorgesehen und daher grundsätzlich möglich.

Andererseits scheint es den Auskunfteien in vielen Fällen durchaus zu gelingen, sich Einblick in das Grundbuch zu verschaffen, sei es durch großzügige Handhabung bei den Registergerichten hinsichtlich der Darlegung eines berechtigten Interesses, sei es durch Vorschieben anderer Personen, die ein Interesse darlegen können. Es sollte daher erwogen werden, den Auskunfteien die Einsichtnahme auch offiziell zu gestatten.

Neben diesen Informationen betreiben die Rechercheure Nachforschungen am Ort des Betriebes des Auskunftsbezogenen. Sie werden weiterhin Lieferanten befragen, deren Anschriften sie entweder angegebenen Referenzen entnehmen, oder sie wenden sich an früher belieferte Auskunftsempfänger, da angenommen werden kann, daß

---

[30] Vgl. §§ 32, 36 StRegVO.

[31] Obwohl sich die Rechtsprechung, soweit ersichtlich, mit diesem Problem noch nicht befaßt hat, ist das die einhellige Meinung im Schrifttum, die jedoch nicht begründet wird, vgl. Hesse - Saage - Fischer, Anm. II zu § 12, Horber, Anm. 2 A b zu § 12 GBO; für die Praxis kaum verwertbar ist die weitergehende Auffassung von Meikel - Imhof - Riedel, Anm. 5 zu § 12 GBO, wonach Auskunfteien das Einsichtsrecht insoweit zustehen soll, als auch ihre Auftraggeber ein solches Recht haben.

[32] Vgl. Windolph, Auskunfteiwesen, Lexikon, S. 87.

[33] Vgl. Zergiebel, Der Kreditschutz in Handel und Gewerbe, S. 61.

diese Auskünfte auch zu Geschäftsbeziehungen geführt haben. In diesen Fällen wird in den Auskünften vielfach von „Angaben von Gewährsleuten" gesprochen. Selbstverständlich müssen diese Angaben nicht nur mit großer Diskretion, sondern auch mit der gebotenen Vorsicht behandelt werden. Immerhin ist es denkbar, daß der Auskunftsbezogene bei denjenigen seiner Lieferanten, die er als Referenz angibt, stets unter Ausnutzung von Skonto zahlt, in anderen Fällen dagegen die Zahlungsziele unbedenklich überschreitet. Daneben könnten diese „Gewährsleute" versucht sein, die Geschäftsbeziehungen zum Auskunftsbezogenen in möglichst gutem Licht erscheinen zu lassen, um dessen — und damit ihren eigenen, dem Betroffenen gewährten — Kredit nicht zu gefährden. Wieweit es dem Rechercheur gelingt, eine verläßliche Auskunft der Bank des Auskunftsbezogenen zu erhalten, wird in der Regel von den örtlichen Verhältnissen und persönlichen Beziehungen abhängen.

Schließlich dient auch die sogenannte „Selbstauskunft" des Auskunftsbezogenen zur Abrundung und Vervollständigung des durch die übrigen Ermittlungen gefundenen Ergebnisses, es sei denn, der Auftraggeber habe eine Selbstauskunft ausdrücklich ausgeschlossen. Daß die bei der Befragung des Auskunftsbezogenen gewonnenen Erkenntnisse mit besonderer Vorsicht behandelt und ausgewertet werden müssen, bedarf keiner näheren Erläuterung; sie werden in den Berichten, falls sie nicht durch anderweitige Angaben bestätigt wurden, häufig als „eigene Angaben" kenntlich gemacht[34].

Es hat den Anschein, als sei das den Auskunfteien früher entgegengebrachte Mißtrauen gerade im Bereich der „Selbstauskunft" langsam im Schwinden. In einer Zeit zunehmender Publizität wirtschaftlicher Vorgänge erkennen die Unternehmer, daß diese Offenheit auch Auskunfteien für deren kreditberatende Tätigkeit entgegengebracht werden sollte. Immerhin werden ihre Interessen durch Kreditauskünfte unmittelbar berührt[35].

Ein großes Maß an Verantwortungsbewußtsein, volkswirtschaftlicher und Branchenkenntnis sowie Lauterkeit muß in diesem Zusammenhang von den Rechercheuren verlangt werden. Sie müssen objektive von subjektiven Berichten, Gerüchte von Tatsachen zu unterscheiden in der Lage sein, wenn die Informationen, die den Anfragenden in Form einer Kreditauskunft übermittelt werden, von wirklichem Nutzen sein sollen.

---

[34] Windolph, Auskunfteiwesen, Lexikon, S. 88; zu einem anschaulichen Beispiel vgl. Der Spiegel Nr. 49 vom 2. 12. 1968, S. 92.

[35] Allerdings wird man in Deutschland wohl kaum zu den oft beschriebenen amerikanischen Verhältnissen kommen, wo „reporter" die Firmen in regelmäßigen Abständen zu „interviews" aufzusuchen pflegen, vgl. Windolph, Auskunfteiwesen, Lexikon, S. 88.

III. Der Inhalt und Aufbau der Auskunfteiberichte

Inhalt und Aufbau der Auskunftsberichte sind im wesentlichen einheitlich, schon, um eine einmal erteilte Auskunft als dann „vorrätige Auskunft“ erneut verkaufen zu können, sei es unverändert, sei es auf den neuesten Stand gebracht. Das schließt nicht aus, daß eine Auskunft im Einzelfall auch gezielt auf spezielle Wünsche des Anfragenden eingeht.

Die Auskünfte der Auskunftei Schimmelpfeng enthalten neben Name, Anschrift und Branche des Auskunftsbezogenen Angaben über die historische Entwicklung des Betriebes, Art und Umfang desselben mit Angabe der Zahl der Arbeitnehmer und einer Umsatzschätzung, ferner persönliche Daten des oder der Firmeninhaber sowie einen Abschnitt über die Vermögenslage und Zahlungsweise. Sämtliche Angaben werden am Schluß der Auskunft stichwortartig zusammengefaßt, um dem Leser eine Schnellinformation zu bieten. In einer sogenannten „Schlußzeile“ werden eine verschlüsselte Schätzung der Vermögenswerte sowie ein allgemeines Kreditурteil vorgenommen, der Schlüssel dazu befindet sich am Schluß jeder Seite. Dabei reicht die Vermögensschätzung von „bis zu DM 1 000.—“ bis „von DM 5 Millionen und darüber“, das allgemeine Kreditурteil von „sehr gut“ über „zurückhaltende Beurteilung“ bis zu „Kapital dient dem Unternehmen nicht allein“. Falls der Anfragende eine bestimmte, in Aussicht genommene Kredithöhe genannt hat, nimmt die Auskunft abschließend auch dazu Stellung.

Die Auskünfte der Creditreform enthalten neben den Angaben über die Firma und den dem Handelsregister entnommenen Eintragungen einen Abschnitt „Allgemeines“, in dem Entwicklung und Gegenstand des Betriebes, Beschäftigtenzahl und Umsatzschätzung genannt werden. In einem Abschnitt „Persönliches“ wird die persönliche Bonität des (oder der) Firmeninhaber beurteilt, es folgen Angaben über die Vermögenslage sowie ein Kreditурteil. Auch hier wird, falls angefragt, Stellung zu einer bestimmten Kredithöhe genommen.

Muster je einer Auskunft der Creditform und der Auskunftei Schimmelpfeng sind auf den folgenden Seiten wiedergegeben.

Aus dem vorstehend Gesagten wird deutlich, daß die Bezeichnung *Handels*auskunftei für diese Art der Auskunftserteilung bewußt gewählt worden ist und daß die Beschränkung der Auskunftserteilung auf „kaufmännische Firmen oder selbständige Gewerbetreibende“[36] bzw. auf „Handels- und Kreditauskünfte“[37] durch die Art der Infor-

[36] Nr. 1 der Geschäftsbedingungen der Auskunftei Schimmelpfeng.

[37] § 10 der Geschäftsordnung der Vereine Creditreform.

Ort:	4650 Gelsenkirchen	Datum:	12. 8. 1968
Z. u. H. Nr.:	12/134	Nr.:	18/1420/S/2f.
Kontroll-Nr.:	180	Dch. V. C.:	
Ihr Zeichen:	B/R	Mitgl. V. C.:	Duisburg

CREDITREFORM

An

Firma
Scheuninger GmbH

4102 Homberg/Ndrh.
Mülheimer Straße 202

Betr.: Eisen- und Stahlwerke Bottrop
Aktiengesellschaft
Eisen-, Stahl- und Hüttenwerk

4250 Bottrop
Rheinstraße 105

Rechtsform: Aktiengesellschaft
Gründung: 1788, Neugründung: 10. 5. 1947
Eintragung ins Handelsregister: 21. 5. 1947; Ag Bottrop unter HRB 84
Grundkapital: DM 290.000.000,--
Rücklagen:
a) gesetzliche: DM 30.000.000,--
b) freie: DM 116.000.000,--
Vorstand: Prof. Dr. Karl Müller, Bottrop
Bergassessor a. D. Heinrich Lutz, Bottrop
Rechtsanwalt Dr. Herbert Reich, Mülheim/Ruhr
Werner Lehmann, Essen
Klaus Dieter Schüler, Bottrop
Aufsichtsrat: Kurt Kübel, Bottrop – Vorsitzender
Heinrich Schmalbach, Frankfurt – 1. stellv. Vorsitzender
Dr. Werner Schuh, Hamburg – 2. stellv. Vorsitzender
sowie weitere 10 Mitglieder

Allgemeines:

Das Unternehmen befaßt sich mit der Erzeugung und Verarbeitung von Eisen, Stahl und anderen Werkstoffen sowie mit der Förderung und Verarbeitung von Kohle. Eine Zweigniederlassung befindet sich in Essen unter der Bezeichnung Hüttenwerk Essen AG, vorm. Richter & Comp. Die Betriebsanlagen gliedern sich wie folgt:
1. Bergwerksanlagen mit rd. 100.000 qm Grubenfelder,
2. Hüttenwerk mit 15 modernen Hochofenanlagen, 1 Walzwerk für Halbzeug und 1 Blechwalzwerk,
3. Drahtwerke der Zweigniederlassung Essen.

Insgesamt beschäftigt das Unternehmen etwa 4.500 Angestellte und 18.000 Arbeiter. Im Geschäftsjahr 1967 wurde ein Jahresumsatz von ca. DM 1,1 Mrd., 1966 DM 1,18 Mrd., erzielt.
Hauptaktionärin ist die Firma Chemie AG, Berlin.

Persönliches:

Die Leitung der Gesellschaft zeichnet sich durch straffe Organisation, kaufmännischen Weitblick und zielbewußte Ausnutzung und Anpassung an die jeweiligen Marktverhältnisse aus.
Bei den Vorstandsmitgliedern handelt es sich um angesehene Persönlichkeiten.

– 2 –

Form. 14 II

Diese Auskunft ist nur für den Anfragenden bestimmt. Von ihrem Inhalt oder der Auskunftsquelle darf ohne Genehmigung niemandem Kenntnis gegeben werden. Für den Inhalt der Auskunft wird jede Haftung abgelehnt, das gilt auch für den etwaigen Vorsatz von Erfüllungsgehilfen. Wer die Auskunft zur Kenntnis nimmt, unterwirft sich damit diesen Bedingungen.

968

CREDITREFORM

An

Firma
Scheuninger GmbH

4102 Homberg/Ndrh.
Mülheimer Straße 202

Betr.: Eisen- und Stahlwerke Bottrop
Aktiengesellschaft
Eisen-, Stahl- und Hüttenwerk

4250 Bottrop
Rheinstraße 105

- 2 -

Vermögenslage:

Der zuletzt veröffentlichten Bilanz per 31. 12. 1967 entnehmen wir folgende wesentliche Positionen:

	Mio. DM
Bilanzsumme:	1.243,8
Anlagevermögen:	695,5
Umlaufvermögen:	362,0
Wertberichtigungen:	42,5
Rückstellungen:	180,0
Langfristige Verbindlichkeiten:	250,2
Kurzfristige Verbindlichkeiten:	160,0
Gewinn:	5,3

Nach Dividenden in den Jahren 1965 von 7% und 1966 von 5% wurde aus dem Gewinn des Geschäftsjahres 1967 eine Dividende von 3% ausgeschüttet.
Bei den wesentlichen im Anlagevermögen enthaltenen Beteiligungen handelt es sich um:

	Stammkapital TDM	Beteiligung %
1. Mülheimer Eisenhandelsgesellschaft mbH, Mülheim/Ruhr (Organschaftsvertrag)	20,0	100
2. Siedlungsbaugesellschaft mbH, Mülheim/Ruhr (Organschaftsvertrag)	4.500,0	100
3. Rohstoffhandelsgesellschaft mbH, Essen	30,0	50
4. Bergwerksgesellschaft mbH, Bochum	3.500,0	50
5. Krüger & Schulz GmbH, Duisburg	1.000,0	40
6. Bergwerks AG, Essen	85.000,0	32
7. Stahlkontor Ruhr GmbH, Bottrop	250,0	30
8. Siegener Hüttenverarbeitungs GmbH, Siegen	15.000,0	32

Die finanziellen Verhältnisse der Gesellschaft sind in jeder Hinsicht geordnet.

Krediturteil:

Geschäftsgebaren und Zahlungsweise sind korrekt. Eine Geschäftsverbindung, gleich welchen Umfanges, ist empfehlenswert.

Bankverbindungen:

Commerzbank AG, Filiale Bottrop
Deutsche Bank AG, Filiale Bottrop
Dresdner Bank AG, Filiale Bottrop
Bank für Gemeinwirtschaft, Filiale Bottrop

Form. 14 II

Diese Auskunft ist nur für den Anfragenden bestimmt. Von ihrem Inhalt oder der Auskunftsquelle darf ohne Genehmigung niemandem Kenntnis gegeben werden. Für den Inhalt der Auskunft wird jede Haftung abgelehnt, das gilt auch für den etwaigen Vorsatz von Erfüllungsgehilfen. Wer die Auskunft zur Kenntnis nimmt, unterwirft sich damit diesen Bedingungen.

968

Sei 1872

Erteilung dieser Auskunft vertraulich im Rahmen unserer Geschäftsbedingungen. Diese Auskunft ist nur für Anfragenden bestimmt. Soweit handelsüblich (Banken, Finanzierungsinstitute usw.) Weitergabe an Dritte erfolgt, anerkennen Dritte mit Kenntnisnahme, daß wir – Auskunftei – für Inhalt der Auskunft und Verschulden unserer Erfüllungsgehilfen nicht haften. Die Auskunft bleibt Eigentum der Auskunftei, sie ist auf Verlangen zurückzugeben.

Schimmelpfeng

Einrichtungshaus
Stoll & Co.

Einzelhandel mit Möbeln

Bayern (Ufr.)
87oo Würzburg
Ludwigstrasse 1o

Uns wird berichtet:

Eingetrag. im Handelsreg. des Amtsgerichts Würzburg
als Kommanditgesellschaft
Pers. haft. Gesellschafter: Dipl. Kfm. Bernhard Stoll jun.
Kommanditisten:
1. Helene Stoll, geb. Lange, Witwe, mit DM 15o.ooo,--
2. Helmut Lehmann, Kfm. " DM 2o.ooo,--.

Entwicklung:
Das Unternehmen, 19o5 durch den 1952 verstorbenen Bernhard Stoll sen. gegründet, wird seit 1. 12. 1952 als Kommanditgesellschaft geführt. Seit dem 15. 2. 1953 besteht das obige Gesellschaftsverhältnis.

Art und Umfang des Unternehmens:
Betrieben wird Einzelhandel mit Möbeln, Dekorationsstoffen, Gardinen und Tapeten. Es sind 15 Arbeitskräfte tätig. Die modern eingerichteten, mit zwei Schaufensterfronten ausgestatteten Verkaufsräume haben eine Gesamtfläche von 2.5oo qm. Der Jahresumsatz beläuft sich auf DM 1,5 bis 2 Mio.

Persönliches:
Stoll jun., geboren am 6. 6. 1925, mit Maria geb. Schiefer in Zugewinngemeinschaft verheiratet, hat zwei Kinder. Er ist ein fachkundiger, unternehmender und gutberufener Geschäftsmann.

Vermögenslage und Zahlweise:
Die KG ist Eigentümerin des Geschäftshauses an obiger Anschrift im Verkehrswert von ca. DM 35o.ooo,-- belastet mit ca. DM 15o.ooo,--. Stoll jun. und die Kommanditistin zu 1) sind je zur Hälfte Eigentümer eines unbelasteten Wohnhauses im Verkehrswert von DM 2oo.ooo,--. In der Geschäftseinrichtung sind ca. DM 75.ooo,-- investiert. Der Wert des Warenlagers beläuft sich auf ca. DM 45o.ooo,--. Aussenstände von ca. DM 14o.ooo,-- stehen Verpflichtungen von ca. DM 8o.ooo,-- gegenüber. Die wirtschaftlichen Verhältnisse sind geordnet. Zahlungen erfolgten bislang vereinbarungsgemäß, teils unter Skontoausnutzung.

Bankverbindung:
Commerzbank AG, Filiale Würzburg, Stadtsparkasse Würzburg.

Kurze Übersicht:
Gründung 19o5 - seit 1952 KG - Einzelhandel mit Möbeln - Jahresumsatz ca. DM 1,5 bis 2 Mio. - fachgerechte Leitung - firmeneigene Liegenschaft Verkehrswert ca. DM 35o.ooo,--, belastet mit DM 15o.ooo,-- ausserdem privates Grundeigentum - Geschäftseinrichtung ca. DM 75.ooo,-- - Warenlager ca. DM 45o.ooo,-- - geordnete Verhältnisse - Zahlweise vereinbarungsgemäss.

28 - R17/K49 U u

F 118
(12/70)

Vermögensziffern in Tausenden D Mark:

A bis 1	E von 4 bis 5	J von 20 bis 25	N von 50 bis 75	R von 200 bis 300	V von 1 Mill. bis 2 Mill.	
B von 1 „ 2	F „ 5 „ 10	K „ 25 „ 30	O „ 75 „ 100	S „ 300 „ 400	W „ 2 „ „ 3 „	
C „ 2 „ 3	G „ 10 „ 15	L „ 30 „ 40	P „ 100 „ 150	T „ 400 „ 500	X „ 3 „ „ 4 „	
D „ 3 „ 4	H „ 15 „ 20	M „ 40 „ 50	Q „ 150 „ 200	U „ 500 „ 1 Mill.	Y „ 4 „ „ 5 „	
					Z „ 5 „ u. darüber	

Kredit:

t sehr gut	x zurückhalt. Beurteilung
u gut	y keine Meinung f. Kredit
v mittel	z Kapital dient d. Unternehmen nicht allein
w klein	

Schlüssel Mitte Schlußzeile:
Großer Buchstabe – Vermögensschätzung, kleiner Buchstabe – allgemeines Krediturteil.

mationsquellen bedingt ist. Es ist den Auskunfteien daher in der Regel nicht möglich, verläßliche Auskünfte über Arbeitnehmer zu erteilen. Für den Bereich der Kreditgewährung an diese Personengruppe ist mit der Schufa eigens eine Kreditschutzorganisation geschaffen worden, über die noch berichtet werden wird.

IV. Die Haftung der Auskunfteien

Für den Fall unrichtig gegebener Auskünfte setzt sich die Auskunftei Ansprüchen gleich von zwei Seiten aus, da entweder der Anfragende oder der Auskunftsbezogene — allerdings wohl nicht beide gleichzeitig — geschädigt worden sein können. Da dieses Problem für die Frage der Eignung von Handelsauskünften für die Praxis der Kreditsicherung nur am Rande eine Rolle spielt, soll es im folgenden nur in den Grundzügen behandelt werden. Es sollte in diesem Zusammenhang jedoch nicht verkannt werden, daß wegen Bedenken vor möglichen Schadensersatzansprüchen in übervorsichtiger Form gegebene Auskünfte für die Praxis wertlos sein können.

Im Verhältnis zum Auskunftsempfänger versuchen die Auskunfteien sich durch Freizeichnungsklauseln in den Geschäftsbedingungen — bzw. durch eine Geschäftsordnung bei der Vereinsverfassung der Creditreform — zu schützen. Dies geschieht regelmäßig durch Vereinbarung eines Haftungsausschlusses gegenüber dem Auskunftsempfänger in dem gesetzlich zulässigen Umfang, eine Diskretionsklausel sowie einen Eigentumsvorbehalt an der gegebenen Auskunft[38]. Die Anwendung der haftungsausschließenden Bestimmung des § 676 BGB für einen Rat oder eine Empfehlung kommt für Auskunfteien nicht in Frage, da sich § 676 BGB nur auf rein gesellschaftliche Gefälligkeiten erstreckt, nicht jedoch auf gewerbliche Auskünfte. Vielmehr wird der sogenannte Auskunfteivertrag als Werkvertrag angesehen[39]. Die Auskunftei kann daher gemäß § 276 BGB die eigene Haftung — bis auf Vorsatz — ausschließen, gemäß § 278 BGB gilt dies auch für Angestellte und Gewährsleute. Auch die Haftung für Vorsatz der Hilfspersonen kann die Auskunftei ausschließen[40]. Soweit ersichtlich, hat die Tätigkeit der Handelsauskunfteien unter Berücksichtigung der vertraglichen Freizeichnungsklauseln der Rechtsprechung keine Veranlassung gegeben, Auskunfteien wegen Verletzung der sich aus den Vertragsbeziehungen ergebenden Verpflichtungen zu Schadensersatzleistungen zu verurteilen.

---

[38] Vgl. Windolph, Die Kreditauskunft nach deutschem und ausländischem Recht, S. 4.

[39] So schon RGZ 115, 122.

[40] RGZ 115, 122.

Soweit Urteile ähnlichen Inhalts bekanntgeworden sind, handelte es sich stets darum, daß betrügerische Finanzierungsvermittler sich mit Hilfe ungetreuer Auskunfteiangestellter Auskünfte beschafften, durch die Kreditinstitute zur Hingabe von Darlehen veranlaßt wurden[41].

Daß derartige Mißstände im Einzelfalle vorkommen können, wird von den Auskunfteien durchaus nicht beschönigt[42], es scheint sich hier aber mehr um das Problem des Mißbrauchs mit einer Handelsauskunft zu handeln, da die Geschädigten nicht die direkten Auskunftsempfänger waren.

Die Rechtsbeziehungen zwischen der Auskunftei und dem Auskunftsbezogenen sind stets nichtvertraglicher Art, so daß sich nur eine deliktische Haftung nach §§ 823 ff. BGB ergeben kann. Da eine falsche Auskunft, sei sie nun wissentlich gegeben oder nicht, den Kredit zu gefährden geeignet ist, kommt hier § 824 BGB als Anspruchsnorm des Betroffenen in Betracht, wenn der Wahrheit zuwider eine Tatsache behauptet oder verbreitet wird, deren Unwahrheit der Täter zwar nicht kennt, aber kennen mußte. Nach § 824 Abs. 2 BGB tritt eine Schadensersatzpflicht jedoch dann nicht ein, wenn die Mitteilung in Unkenntnis der Unwahrheit erfolgte und der Mitteilende oder der Empfänger an ihr ein berechtigtes Interesse hat.

Windolph[43] weist darauf hin, daß § 824 Abs. 2 BGB speziell zum Schutze der Auskunfteien geschaffen worden sei, dennoch haben diese keine „allgemeine üble Nachredefreiheit"[44], dürfen also nicht unter Berufung auf § 824 Abs. 2 BGB wissentlich Falsches behaupten. In der Rechtsprechung wird die Wahrnehmung berechtigter Interessen als Sonderfall des für alle Fälle einer Interessenkollision anzuwendenden Grundsatzes der Interessenabwägung angesehen[45]. Die Auskunftei hat also das Interesse des Auskunftsempfängers an einer möglichst vollständigen brauchbaren Auskunft dem Interesse des Auskunftsbezogenen auf Schutz seines Rufes gegenüberzustellen. Dies kann für die Auskunftei zu gewissen Schwierigkeiten führen, wenn sie ungünstige Nachrichten weitergeben will, die ihr von Gewährsleuten zugetragen sind. Nach der eben zitierten Entscheidung des BayObLG vom 2. 6. 1953[45] ist das zulässig, wenn die Zweifelhaftigkeit des Gerüchts aus-

[41] BGH NJW 1968, 391 = TeilzW 1968, 52 (vollständig); dazu Laute, Zur Haftung der Auskunfteien, in BlGenW 1968, 270; ferner LG Düsseldorf vom 14. 10. 1966 (nicht rechtskräftig), wiedergegeben bei Scholten - Priggert, Die Haftung einer Auskunftei für falsche Auskünfte, in TeilzW 1967, 50 und 89.

[42] Windolph, Die Handelsauskunfteien im Kampf gegen die Wirtschaftskriminalität, in TeilzW 1968, 19.

[43] Das „berechtigte Interesse" bei der kaufmännischen Auskunftserteilung, in NJW 1959, 1166.

[44] So Jäger, Wahrnehmung berechtigter Interessen durch Auskunfteien, in NJW 1956, 1225.

[45] BayObLG NJW 1953, 1361.

drücklich erwähnt wird, ein Grundsatz, dem die Auskunfteien durch vorsichtige Hinweise — „es sollen ...“, „uns wird berichtet ...“ — stets Rechnung getragen haben. Im übrigen bringt der Anfragende gerade durch die Anfrage zum Ausdruck, daß er ein — berechtigtes — Interesse an der Auskunft hat.

Daß Auskunfteien auch bei Mitteilung einer wahren Tatsache auf die Interessen des Betroffenen Rücksicht zu nehmen haben, geht aus dem in diesem Zusammenhang vielzitierten Urteil des Reichsgerichts vom 13. 1. 1927[46] hervor. Eine Auskunftei hatte über eine im Jahre 1907 erfolgte Verurteilung des damals 24jährigen Klägers zu einer Zuchthausstrafe berichtet. Sie beabsichtigte, dies auch weiterhin zu tun. Der Unterlassungsanspruch des Klägers wurde abgewiesen, auf seinen Hilfsantrag hin wurde der Auskunftei jedoch aufgegeben, über die lange zurückliegende Vorstrafe in der Formulierung zu berichten, daß „der Kläger sich in jungen Jahren in Geschäfte habe verwickeln lassen, die ihn mit dem Strafgesetz in Konflikt gebracht hätten“. Durch diese Formulierung sei sowohl den Interessen des Klägers als auch denen des Auskunftsempfängers Rechnung getragen.

Die Anforderungen, die von der Rechtsprechung an den Inhalt der Auskunftsberichte gestellt werden, sind von den Auskunfteien leicht zu erfüllen, ohne daß Vollständigkeit oder Genauigkeit der Auskunft darunter zu leiden hätten.

V. Die Kosten der Auskunfteiberichte

Nicht zuletzt sind die Kosten, die dem Anfragenden für eine Auskunft entstehen, ein Faktor, die Geeignetheit der Auskunfteien als Mittel der Kreditsicherung zu bewerten. In der Regel wird der Anfragende keine Einzelauskunft beziehen wollen, vielmehr wird er Abonnent oder Mitglied der Auskunftei werden und dafür einen Mitgliedsbeitrag entrichten. Für die innerhalb eines Jahres voraussichtlich benötigten Auskünfte erwirbt der Auskunftsempfänger dann ein Gutscheinheft mit der entsprechenden Anzahl von Anfragezetteln. Für jede benötigte Auskunft wird ein Anfragezettel eingesandt, für Spezialberichte ein zweiter. Durch dieses System ist es nicht nur möglich, die Preise zu staffeln, vielmehr kann der Anfragende sein Auskunftsersuchen unter Umgehung seiner örtlichen Geschäftsstelle direkt an die für den Auskunftsbezogenen zuständigen Geschäftsstelle der Auskunftei richten und so das Verfahren beschleunigen.

Nach einer Preiserhöhung zum 1. 10. 1969 kostet eine Auskunft bei der Creditreform bei Abnahme von 10 Anfragezetteln DM 15.—, bei

---

[46] RGZ 115, 416.

50 Zetteln DM 14.70 und bei 100 nur noch DM 14.43 pro Stück. Es sind Mengenrabatte von 1 000 und mehr Anfragezetteln vorgesehen. In Anbetracht der Konkurrenzsituation unter den Auskunfteien wird die Preisgestaltung bei den übrigen Unternehmen ähnlich sein.

Eine spürbare Senkung dieser Preise könnte nur dann erfolgen, wenn es den Auskunfteien gelänge, die vorrätigen Auskünfte innerhalb kurzer Zeit mehrmals zu verkaufen, ohne daß zwischenzeitlich neue kostspielige Recherchen angestellt werden müssen. Zu diesem Zweck müßte die Zahl der Kunden oder Mitglieder erheblich vergrößert werden. Zum Beispiel wurde dem Verfasser von dem Leiter des Berliner Büros einer Großauskunftei berichtet, daß er mehrmals im Jahr Anfragen aus dem Bundesgebiet über die Bonität der Siemens AG erhalte!

Für die genannten Preise liefern die Auskunfteien kostenlos Nachträge, in denen sie über Vorkommnisse berichten, die ihnen innerhalb einer bestimmten Frist seit Auskunftserteilung bekannt werden.

In den meisten Fällen kann eine Auskunft innerhalb weniger Tage, spätestens innerhalb einer Woche erteilt werden. Diese Fristen erscheinen tragbar, weil die Gewährung eines Warenkredits überwiegend keiner sofortigen Entscheidung bedarf. Schon bei vorvertraglichen Verhandlungen kann der Kreditgeber eine Auskunft anfordern.

In Eilfällen können per Telefon oder Fernschreiber Vorberichte aus dem vorrätigen Archivmaterial gegeben werden.

VI. Die Auskunfteien als Kreditsicherungsmittel

Über die Anzahl der in Deutschland jährlich erteilten Auskunftsberichte der Handelsauskunfteien liegen Zahlen nicht vor. Windolph schätzte im Jahre 1959 (!) die Anzahl auf 8 bis 10 Millionen[47]. Auf der von der Creditreform-Zentralverwaltung anläßlich des 90jährigen Bestehens der Organisation am 28. 8. 1969 gegebenen Pressekonferenz wurde berichtet, daß die Creditreform etwa 5 Millionen Auskünfte im Jahr erteile und damit einen Marktanteil von rund einem Drittel erreicht habe[48]. Eine Zahl von etwa 15 Millionen Handelsauskünften im Jahr dürfte demnach eine recht zuverlässige Schätzung sein.

Wenn sich auch die Höhe der Beträge naturgemäß nicht nennen — und nicht einmal schätzen — läßt, die Kreditgeber *nicht* verloren gegangen sind, weil sei auf Grund ungünstiger Handelsauskünfte von einer Kreditgewährung Abstand genommen oder auf die Bestellung

[47] Windolph, Das „berechtigte Interesse" bei der kaufmännischen Auskunftserteilung, in NJW 1959, 1167.

[48] Creditreform 5/1969, 9.

von Sicherheiten gedrängt haben, so läßt sich dennoch feststellen, daß die Auskunfteien sich im Laufe der Jahre zu einem unentbehrlichen Hilfsmittel für die kreditgebende Wirtschaft entwickelt haben. Der Kreditgeber muß jedoch darauf achten, daß er die Auskünfte nur als beratendes Hilfsmittel für die Kreditentscheidung verwerten kann. Faktoren, die in der Person des Kreditgebers begründet sind, z. B. seine Risikofreudigkeit, können und sollen von Auskünften nicht mit umfaßt werden. Die Auskunfteien bieten dem Kreditgeber schnelle und preiswerte Informationen und sind bei dem Leistungsstandard, den sie in Deutschland erreicht haben, ein wichtiges Kreditsicherungsmittel.

VII. Der Schutz vor Wirtschaftskriminalität durch Auskunfteien

Eine wichtige Rolle spielen Handelsauskunfteien im Bereich der Wirtschaftskriminalität[49]. In einer Kleinen Anfrage einiger Bundestagsabgeordneter an die Bundesregierung vom 28. 10. 1966[50] wurden die durch Wirtschaftskriminalität entstandenen Schäden auf etwa DM 10 Milliarden jährlich geschätzt. Dieselbe Höhe von DM 10 Milliarden erreicht eine Schätzung des Bundeskriminalamtes in Wiesbaden allein für das Jahr 1969, wobei die Dunkelziffer, das heißt die Zahl der nicht ermittelten Täter etwa 90 % betragen soll[51].

Da weder durch staatliche Aufklärungs- noch durch polizeiliche Ermittlungsarbeit hinreichende Erfolge erzielt werden können, setzt hier der Präventivschutz der Handelsauskunfteien ein, auch wenn diese weniger die Allgemeinheit als vielmehr ihre Kunden und Mitglieder zu schützen vermögen[52]. Daß die Auskunfteien in diesem Bereich fehlende staatliche Unterstützung etwa in der Auskunftserteilung aus Melderegistern beklagen, erscheint verständlich.

§ 3 Kreditschutz durch Bankauskünfte

In vielen Fällen holen Kreditgeber Auskünfte zur Beurteilung der Kreditwürdigkeit nicht (oder nicht nur) bei gewerblichen Handelsauskunfteien ein, sondern bei der Bank (oder den Banken), mit der der Kreditnehmer eine Geschäftsverbindung unterhält.

---

[49] Vgl. zu deren Erscheinungsformen Zirpins-Terstegen, Wirtschaftskriminalität, insbes. S. 435 ff.

[50] Deutscher Bundestag, 5. Wahlperiode, Drucksache V/1065.

[51] Vgl. Der Tagesspiegel Nr. 7485 vom 26. 4. 1970, S. 16.

[52] Vgl. Windolph, Die Handelsauskunfteien im Kampf gegen die Wirtschaftskriminalität, in TeilzW 1968, 17; ders., Die Wirtschaftskriminalität, ihre Bekämpfung und Prävention, in Schimmelpfeng-Review 3 (1969), 54.

Dies kann einmal geschehen, weil der Kreditnehmer seine Hausbank gegenüber dem Kreditgeber als Referenz angegeben hat, zum anderen aber auch, weil der Anfragende die Bank für besonders geeignet zur Beurteilung der Kreditwürdigkeit hält. Anders als Handelsauskunfteien kennen Banken die wirtschaftlichen Verhältnisse des Auskunftsbezogenen aus eigener Anschauung; sie sind insbesondere auf Grund eigener Erfahrung in der Kreditabwicklung mit ihrem Kunden zu zuverlässigen Informationen in der Lage.

Unter dem Begriff der „Bankauskunft" soll im folgenden nur die gewollte Auskunft über die wirtschaftlichen Verhältnisse und die Kreditwürdigkeit des Bankkunden verstanden werden, nicht dagegen eine Auskunft über Anlagemöglichkeiten oder Außenhandelsinformationen.

I. Das Ersuchen um Auskunftserteilung

Notwendigerweise geraten Banken bei der Erteilung von Bankauskünften in eine gewisse Zwangslage. Einerseits haben sie auf die Belange ihrer Kunden Rücksicht zu nehmen, andererseits dürfen sie durch Verweigerung von Auskünften in dem Anfragenden nicht den Anschein erwecken, als sei der Auskunftsbezogene nicht kreditwürdig. Schließlich darf die Auskunft nicht inhaltlich nichtssagend sein, auf der anderen Seite muß sie wiederum so weit der Wahrheit entsprechen, daß der Anfragende nicht zu schädlicher Kreditgewährung ermuntert wird. Diese Zwangslage hat die Rechtsprechung frühzeitig erkannt, sie ist insbesondere in dem Urteil des Reichsgerichts vom 3. 3. 1930[1] ausführlich angesprochen.

Schon in dem Verfahren der Auskunftserteilung versuchen Kreditinstitute dieser Zwangslage Rechnung zu tragen, indem sie sowohl in dem Auskunftsersuchen als auch in der Auskunft selbst die Haftung für den Auskunftgeber wie auch für den Inhalt der Auskunft ablehnen. So hießt es in dem Auskunftsersuchen einer Sparkasse in Berlin:

> „Wir bitten Sie, uns eine möglichst ausführliche Auskunft über Ruf, Charakter, Vermögensverhältnisse und Kreditfähigkeit der oben bezeichneten Firma zu erteilen. Insbesondere interessiert uns zu erfahren, ob die genannte Firma für eine Verbindlichkeit von DM ... für gut gehalten werden kann.
>
> Für Ihre gefl. Mitteilungen, *von denen wir streng vertraulich und ohne jede Verbindlichkeit für Sie Gebrauch machen werden*, sagen wir Ihnen im voraus unseren verbindlichsten Dank[2]."

---

[1] BankArch. 29, 256.

[2] Hervorhebung durch den Verfasser.

Die Antwort auf ein derartiges Auskunftsersuchen wird in der Regel ohne Unterschrift in verschlossenem Briefumschlag mit folgendem Begleittext erteilt:

„Wir erteilen einliegende Auskunft streng vertraulich und ohne Gewähr für ihre Richtigkeit unter ausdrücklicher Ablehnung jeder Haftpflicht. Sollten Sie hiermit nicht einverstanden sein, so bitten wir, uns diesen Briefumschlag uneröffnet zurückzusenden. Durch Öffnung dieses Briefumschlages erkennen Sie unseren Vorbehalt ohne weiteres als für Sie bindend an[3].“

Selbst dort, wo dieses Verfahren nicht angewandt wird, verwenden die auskunftgebenden Institute eine Freizeichnungsklausel auf einem Begleitschreiben oder im Kopf der Auskunft selbst. Dort heißt es etwa:

„Anbei überreichen wir Ihnen unter ausdrücklichem Ausschluß jedweder Haftung die gewünschte Auskunft zu streng vertraulicher Benutzung (Quellenangabe ist nicht gestattet).

Die Auskunft beruht auf den bei der auskunftgebenden Stelle eingelaufenen Informationen. Wir machen ausdrücklich darauf aufmerksam, daß Veränderungen, die in der letzten Zeit vor der Auskunftserteilung eingetreten sind, nicht berücksichtigt sein könnten. Über uns nach Erteilung dieser Auskunft bekannt werdende Veränderungen in den Verhältnissen der betreffenden Firma berichten wir nicht ohne neue Anfrage, auch wenn dies bereits ausnahmsweise unaufgefordert geschehen sein sollte. Falls wir von Dritten erhaltene Auskünfte an Sie weitergeben, bitten wir zu beachten, daß unsere Gewährsleute uns die Weitergabe der Auskunft nur unter der Bedingung gestattet haben, daß jedwede Haftung daraus für sie unbedingt ausgeschlossen ist.

Sollten Sie mit diesen Vorbehalten nicht einverstanden sein, so bitten wir Sie, von unserer Auskunft keinen Gebrauch zu machen, sondern sie uns zurückzugeben, ohne von ihr weitere Kenntnis zu nehmen[4].“

1. Die Auskunftserteilung der Banken untereinander

Üblicherweise werden Bankauskünfte an andere Kreditinstitute erteilt, vielfach auch an eigene Kunden der Bank. Die Auskunftserteilung an Dritte erfolgt nur in Ausnahmefällen[5]. Hier wird man in der Regel auch ein gewisses Interesse der Bank an der Auskunftserteilung annehmen können, z. B. im Verkehr mit Auskunfteien, Versicherungsgesellschaften oder Bausparkassen. Eine Umfrage des Deutschen Sparkassen- und Giroverbandes e. V. bei den diesem Verband angeschlossenen Sparkassen hat ergeben, daß Auskünfte an Nichtbanken, die nicht Kunde der auskunftgebenden Sparkasse sind, in den meisten Fällen nur dann gegeben werden, wenn eine — ausdrückliche oder stillschweigende — Genehmigung des auskunftsbezogenen Kunden vor-

[3] Muster nach Schütz, Bankgeschäftliches Formularbuch, S. 210.

[4] Muster nach Schütz, Bankgeschäftliches Formularbuch, S. 210.

[5] Vgl. Sichtermann, Bankauskunft, Lexikon, S. 128.

liegt[6]. Diese Vorsichtsmaßnahme erscheint schon deshalb gerechtfertigt, weil bei Auskünften an Dritte, die weder Kreditinstitute noch Kunden des auskunftserteilenden Instituts sind, keine Gewähr für die Einhaltung der oben wiedergegebenen Grundsätze gegeben ist.

2. Die Auskunftserteilung an Dritte

In der Praxis wird die Auskunftserteilung an Dritte nicht sehr häufig vorkommen, da der „Dritte" seine Bank bitten wird, die Auskunft bei der Bank des Auskunftsbezogenen einzuholen. Die Weitergabe von „Bank-zu-Bank-Auskünften" an Kunden wird vielfach beobachtet. Dagegen dürften auch keine grundlegenden Bedenken bestehen, da jede Bank vor Weitergabe einer Auskunft prüfen wird, ob der Kunde ausreichende Gewähr für die Annahme einer vertraulichen Behandlung bieten wird. Das auskunftgebende Institut darf, wie sich aus dem vertraulichen Charakter der Auskünfte ergibt, bei der Weitergabe nicht genannt werden, so daß die Auskunft von der weitergebenden Bank gegebenenfalls umgeschrieben werden muß, damit der Empfänger den Auskunftgeber nicht aus dem Briefkopf oder aus gewissen Formulierungen erkennen kann[7].

II. Der Inhalt der Bankauskünfte

Der Inhalt der Auskünfte wird im wesentlichen durch zwei Faktoren bestimmt: Einmal — im Verhältnis zum Auskunftsbezogenen — durch die Frage des Bankgeheimnisses, zum anderen — im Verhältnis zum Auskunftsempfänger, unter Umständen sogar zum Auskunftsbezogenen — durch die Frage der Haftung wegen unrichtig erteilter Auskunft. Diese Fragen sollen im folgenden in dem Umfang geprüft werden, als durch sie der Inhalt der Bankauskünfte berührt wird.

1. Das Bankgeheimnis

Der Begriff des Bankgeheimnisses im Verhältnis zwischen der Bank und dem Kunden hat eine gesetzliche Ausprägung niemals erfahren, wenn man von einigen Ausnahmen bei einzelnen öffentlich-rechtlichen Instituten absieht[8]. Ebensowenig ist in den die vertraglichen Beziehungen regelnden Allgemeinen Geschäftsbedingungen der Banken ein

---

[6] DSGV-Rundschreiben Nr. 105/1966 vom 22. 6. 1966.

[7] Vgl. Schütz, Bankgeschäftliches Formularbuch, S. 211 mit „Richtlinien für die Erteilung von Auskünften".

[8] Vgl. die Nachweise bei Jürgen Wolff, Die Geheimhaltungspflicht der Banken, in Betr 1968, 695.

Hinweis darauf zu finden. Dennoch ist das Institut des Bankgeheimnisses heute unbestritten anerkannt. Die Durchbrechung dieser Geheimhaltungspflicht zum Zwecke der Auskunftserteilung wird vielfach aus § 157 BGB abgeleitet, wonach auch Bankverträge so auszulegen seien, wie Treu und Glauben es mit Rücksicht auf die Verkehrssitte erforderten[9]. Es sei eine im Kreditwesen allgemein herrschende Übung, daß Kreditinstitute sich gegenseitig und auf Anfrage Dritter Auskunft über ihre Kunden erteilten. Aus diesen Gründen der Verkehrssitte könne die Bank davon ausgehen, daß der Kunde damit einverstanden sei, wenn die Bank eine Auskunft über ihn im banküblichen Rahmen erstatte. Es bedürfe daher keiner besonderen Einverständniserklärung des Kunden, da diese Übung gegenüber jedem Kunden gelte, es sei denn, daß der Bank der entgegenstehende Wille des Kunden ausdrücklich bekannt geworden sei. Sprengel[10] spricht sogar von einem Gewohnheitsrecht der Banken.

Einen ähnlichen Weg ist auch die Rechtsprechung gegangen, wenn man dort auch die dogmatische Begründung — oder wenigstens den Versuch hierzu — vermißt. Das RG hat deutlich gemacht, daß eine Bank keine Auskunftei sei, daß sich aber im Geschäftsleben die Gepflogenheit herausgebildet habe, im Interesse des Kunden über ihn Auskunft zu erteilen[11]. Der BGH spricht von einer Gewohnheit, im „Bankverkehr in gewissen Grenzen Auskunft zu erteilen“[12].

Keine Schwierigkeit bereitet die Bankauskunft in den Fällen, wo die Bonität des Kunden der Bank Veranlassung gibt, wahrheitsgemäß eine günstige Auskunft erteilen zu können, unabhängig davon, ob der Kunde die Bank als Referenz angegeben hat oder nicht. Dem Auskunftsbezogenen wird kein Schaden daraus erwachsen, sein stillschweigendes Einverständnis kann also vorausgesetzt werden.

Problematisch sind in der Regel die Fälle, in denen das Krediturteil ungünstig lauten müßte. Die Bank kann nicht den Weg gehen, die Auskunft zu verweigern, da sich daraus das ungünstige Urteil ablesen ließe und dem Kunden Schaden erwachsen müßte. Auch der von Wolff[13] vorgeschlagene Weg, in solchen Fällen stets Rückfrage beim Kunden zu halten, da nur dieser entscheiden könne, ob die Auskunft mit seinen Interessen vereinbar sei, scheint nicht gangbar. Wolff glaubt, die Bankenübung erlaube nicht, das Vertrauen des Kunden „insgeheim und hinter seinem Rücken“ zu enttäuschen.

---

[9] So Sichtermann, Bankgeheimnis, Lexikon, S. 156; ders., Bankgeheimnis und Bankauskunft, S. 140 u. 146.

[10] Die Haftung der Kreditinstitute bei der Erteilung von Kreditauskünften, in Spark 1955, 131.

[11] RGZ 139, 103; BankArch 29, 256.

[12] BGH BB 1956, 770.

[13] Bankgeheimnis und Kreditauskunft, in AktG 1968, 288.

Eine Rückfrage beim Kunden jedoch würde den Wert der Bankauskünfte für den Anfragenden erheblich schmälern. Der Kunde könnte versucht sein, die Bank zu einer nicht wahrheitsgemäßen Auskunft zu verleiten; die Bank begäbe sich in Gefahr, den Auskunftsbezogenen als Kunden zu verlieren. Es ist nicht einzusehen, warum eine Bankenübung nur für den Fall gegeben sein soll, in dem die Auskunft günstig lauten wird. Eine vorherige Benachrichtigung des Kunden wird in der Regel auch mit den Interessen des Anfragenden nicht vereinbar sein, da der Kunde in vielen Fällen Rückschlüsse auf die Person des Auskunftsuchenden ziehen kann. Auch Schütz[14] betont, daß weder eine Rückfrage beim Kunden noch auch nur eine Benachrichtigung mit dem Wesen einer Bankauskunft und den Interessen des Anfragenden vereinbar seien.

Die auskunftgebende Bank wird dieser Situation dadurch Rechnung tragen müssen, daß sie bewußt vorsichtige Formulierungen wählt, ohne andererseits inhaltlose und nichtssagende Floskeln zu verwenden, da derartige „Hinweise und Angaben allgemeiner Art“, wie sie von Sprengel[15] für diesen Fall vorgeschlagen werden, dem Anfragenden nichts nützen. Je allgemeiner und nichtssagender Bankauskünfte formuliert werden, desto eher sind sie Mißdeutungen ausgesetzt[16]. Vorsichtige und zurückhaltende Formulierungen verletzen nicht das Bankgeheimnis; sie geben dem Auskunftsempfänger, sofern er in der Auswertung derartiger Informationen hinreichend erfahren ist, die Möglichkeit, seine Kreditdispositionen mit der gebotenen Reserve zu treffen.

Als Beispiel für eine zurückhaltende Auskunft, bei der die Vermögensverhältnisse des Auskunftsbezogenen nicht gesichert erscheinen, mag folgende Formulierung dienen, die dem Tatbestand des Urteils des OLG Nürnberg vom 6. 11. 1959[17] entnommen ist:

Der Lieferant eines Schuhfabrikanten veranlaßte seine Bank, bei der Bank des Fabrikanten eine Auskunft insbesondere darüber einzuholen, ob die Firma für eine Wechselverbindlichkeit in bestimmter Höhe gut sei. Die erbetene Auskunft hatte folgenden Wortlaut:

„Der Umsatz hat sich für das Wintergeschäft gut entwickelt, auch zur Zeit hat die Firma noch Aufträge, die eine Beschäftigung bis zu 45 Stunden pro Woche[18] zuläßt. Der erhöhte Umsatz hat natürlich große Mittel und ein großes Rohmateriallager nötig.

Der Firma fehlen wie allen Neuanfängern die eigenen Mittel. Bis jetzt konnten alle Akzepte Einlösung finden, da F. an der raschen Hereinholung

---

[14] Bankgeschäftliches Formularbuch, S. 212.

[15] Die Haftung der Kreditinstitute bei der Erteilung von Kreditauskünften, in Spark 1955, 133.

[16] Jürgen Wolff, Bankgeheimnis und Kreditauskunft, in AktG 1968, 287.

[17] In BlGenW 1960, 350.

[18] Im Jahre 1952!; Anm. des Verf.

energisch arbeitet. Trotzdem läßt es sich nicht vermeiden, daß größere Außenstände verbleiben.

Die Inhaber selbst sind sehr ehrlich und äußerst fleißig und versuchen mit aller Energie, ihren Verpflichtungen nachzukommen.

Wir erwarten die Bilanz per 1951 in Bälde und werden sie Ihnen dann zukommen lassen. Der angefragte Betrag entspricht der Größe des Geschäftes."

Einige Monate später wurde die Bank um eine erneute Auskunft gebeten. Sie beantwortete das neue Auskunftsersuchen wie folgt:

„Wir nehmen Bezug auf unser Schreiben vom 13. 3. 1952 und teilen Ihnen mit, daß sich an den Verhältnissen nichts geändert hat. Der Auftragsbestand ist nach wie vor gut. Auch Winterware ist in großem Umfange bereits bestellt, so daß der Betrieb weiterhin gut laufen wird.

Bisher sind Proteste nicht erfolgt. Die Mittel sind jedoch nach wie vor knapp. Der angefragte Betrag wird als im Rahmen betrachtet."

Nach einigen Monaten fiel der Schuhfabrikant in Konkurs. Die Klage des Lieferanten gegen die auskunftgebende Bank wegen unrichtig erteilter Auskunft wurde vom OLG Nürnberg abgewiesen. Dem Urteil ist folgender Leitsatz vorangestellt:

„Wenn die einzige Bankverbindung über einen Kunden dahingehend Auskunft erteilt, daß ‚große Mittel' erforderlich seien, daß die ‚eigenen Mittel fehlen', daß ‚größere Außenstände verbleiben', daß die Firmeninhaber ‚versuchen, ihren Verpflichtungen nachzukommen, daß aber die Mittel nach wie vor knapp seien', so ist jedem Kaufmann eindeutig klar, daß die so beurteilte Firma mit Bankkredit in ganz erheblichem Umfange arbeiten muß und daß dieser Kredit durch die Bank abgesichert ist."

Das Urteil läßt ferner die Auffassung des OLG Nürnberg dahin deutlich werden, daß nicht verlangt werden könne, daß eine Bank bei einer Auskunftserteilung über Art und Umfang ihrer eigenen geschäftlichen Beziehungen zu ihrem Kunden Aufschluß geben müsse. Im übrigen genüge es, wenn die Bank ihre Angaben auf Grund sorgfältiger Prüfung für wahr halte. Diese Auffassung ist vom BGH durch das Urteil vom 9. 6. 1960 gebilligt worden[19].

Mit dem Schutze des Bankgeheimnisses unvereinbar ist es jedoch, konkrete Vermögenspositionen des Auskunftsbezogenen wie Kontostand, Depotbestand oder Höhe der Verbindlichkeiten oder Sicherheiten mitzuteilen. Dabei kommt es nicht darauf an, ob die Vermögenslage günstig ist oder nicht.

Sichtermann[20] weist darauf hin, daß — soweit ersichtlich — noch kein Fall bekannt geworden sei, bei dem eine Bank von ihrem Kunden wegen Verletzung des Bankgeheimnisses im Rahmen einer von ihr

---

[19] AktZ VII ZR 157/59, vgl. den Hinweis in BlGenW 1960, 350.

[20] Bankgeheimnis und Bankauskunft, S. 146.

erteilten bankühlichen Auskunft zur Schadensersatzleistung in Anspruch genommen worden sei. Wenn man auch Wolff[21] darin Recht geben muß, daß ungünstige Auskünfte dem Kunden selten zur Kenntnis kommen werden, so hat sich andererseits bei den Banken ein Verfahren eingespielt, das den Interessen des Kunden am Schutz des Vertrauensverhältnisses zur Bank ebenso dient wie den Interessen des Anfragenden an der Erteilung einer praktisch verwertbaren Auskunft.

2. Die Haftung für unrichtige Auskünfte

Wie häufig die Auskunftsempfänger Bankauskünfte ihren Kreditentscheidungen zu Grunde legen, läßt sich daran ablesen, daß Banken recht häufig wegen angeblich unrichtiger Auskunftserteilung in Schadensersatzprozesse verwickelt werden. Hierin liegt durchaus kein Widerspruch zu der eben getroffenen Feststellung, daß es den Banken gelungen sei, auch den Interessen der Anfragenden mit der Auskunftserteilung zu dienen. Es läßt sich nämlich feststellen, daß die durch die Rechtsprechung bekannt gewordenen Fälle nur in Ausnahmefällen zu einer Inanspruchnahme der Bank wegen unrichtig erteilter Auskunft geführt haben.

Kreditinstitute versuchen auf verschiedene Weise, der Haftung für unrichtig erteilte Auskünfte zu entgehen. Dies erfolgt einmal durch den Hinweis auf der Auskunft selbst, daß eine Verbindlichkeit für den Inhalt nicht übernommen werde[22]. Dem Schutz der Banken dient ferner die Freizeichnungsklausel in Nr. 10 der Allgemeinen Geschäftsbedingungen, die wie folgt lautet:

„Die Bank steht dem Kunden nach bestem Wissen zu allen bankmäßigen Auskünften und Raterteilungen zur Verfügung. Mit Rücksicht auf die Mannigfaltigkeit der Auskünfte und Ratschläge können diese jedoch nur unter Ausschluß jeder Verbindlichkeit, auch, soweit gesetzlich zulässig, der Haftung aus § 278 BGB erteilt werden; erstrecken sich mündlich erteilte Auskünfte auf Kreditwürdigkeit und Zahlungsfähigkeit, so gelten sie nur vorbehaltlich schriftlicher Bestätigung[23]."

Schließlich können sich Banken auf § 676 BGB berufen, wonach derjenige, der einem anderen einen Rat oder eine Empfehlung erteilt, unbeschadet einer sich aus einem Vertragsverhältnis oder einer unerlaubten Handlung ergebenden Verantwortlichkeit, nicht zum Ersatz des aus der Befolgung des Rates oder der Empfehlung entstehenden Schadens verpflichtet ist. Auch die Erteilung einer bankküblichen Auskunft fällt unter § 676 BGB[24]. Somit kann sich eine Ersatzpflicht aus

[21] Bankgeheimnis und Kreditauskunft, in AktG 1968, 289.
[22] Vgl. oben S. 38 f.
[23] Gleichlautend Nr. 7 der AGB der Sparkassen.
[24] Pikart, Die neuere Rechtsprechung des Bundesgerichtshofs zur Haftung für Ratschläge und Auskünfte, in WM 1966, 698.

vertragsähnlichem Verhältnis, aus Vertrag und aus einer unerlaubten Handlung ergeben.

Ist der Auskunftsempfänger Kunde der auskunftgebenden Bank, wird die Auskunftserteilung als vertragliche Nebenverpflichtung angesehen, kann also zu einer Haftung führen[25]. Die Rechtsprechung des RG[26] sah in der Auskunftserteilung an Nichtkunden noch eine reine Gefälligkeit[27], so daß eine Haftung allenfalls aus unerlaubter Handlung in Frage komme. Hiervon ist der BGH in ständiger Rechtsprechung abgewichen und nimmt den stillschweigenden Abschluß eines Auskunftsvertrages regelmäßig dann an, wenn die Bank erkannt hat — oder hätte erkennen müssen —, daß der Auskunftsempfänger die Auskunft zu einer Vermögensverfügung von einigem Gewicht verwenden wollte[28].

Durch die Freizeichnungsklauseln in den Auskünften sowie durch die Haftungsfreistellung in den Allgemeinen Geschäftsbedingungen kommt eine vertragliche Haftung bei der Auskunftserteilung nur selten vor, wobei an der Wirksamkeit des vertraglichen Haftungsausschlusses von keiner Seite Zweifel erhoben werden[29]. Nicht ausgeschlossen werden kann jedoch die Haftung für eigenen Vorsatz des Bankiers (§ 276 Abs. 2 BGB) sowie für vorsätzlich unrichtige Auskünfte verfassungsmäßig berufener Vertreter (§§ 30, 31 BGB).

Die Berufung auf die Freizeichnungsklauseln kann allerdings in bestimmten Fällen rechtsmißbräuchlich und damit unwirksam sein, wenn sie gegen Treu und Glauben verstößt. Dies kann etwa dann der Fall sein, wenn die auskunftgebende Bank den Auskunftsempfänger zu vermögensschädigenden Maßnahmen veranlaßt, um ihr eigenes Engagement bei dem Auskunftsbezogenen zu retten[30].

Die in Nr. 10 der AGB der Banken zum Ausdruck gekommene Schwierigkeit, die sich aus der „Mannigfaltigkeit der Auskünfte und Ratschläge“ ergibt, läßt es geboten erscheinen, die Freizeichnungsmöglichkeit der Banken von der Haftung nicht zu stark einzuschränken. Die Auskunftserteilung gehört nicht zum üblichen Bankgeschäft, die Auskünfte werden in der Regel unentgeltlich gegeben. Das Interesse

---

[25] RGZ 126, 50; BGHZ 13, 198; BGH BB 1956, 770; Sprengel, Die Haftung der Kreditinstitute bei der Erteilung von Kreditauskünften, in Spark 1955, 133.

[26] BankArch. 29, 256.

[27] Ebenso Sichtermann, Bankgeheimnis und Bankauskunft, S. 332, Fußn. 14.

[28] Vgl. Sichtermann, Bankgeheimnis und Bankauskunft, S. 336 mit zahlreichen Nachweisen in Fußn. 31 u. 32.

[29] Sichtermann, Bankgeheimnis und Bankauskunft, S. 340; Wolff, Bankgeheimnis und Kreditauskunft, in AktG 1968, 291; neuestens BGH NJW 1968, 588 mit Anm. von Beuthien JZ 1968, 471.

[30] Vgl. BGHZ 13, 198; BGH MDR 1955, 213.

der Banken an der Auskunftserteilung müßte erlahmen, wenn die Rechtsprechung die Berufung auf die Haftungsfreistellung allzu häufig versagte. Die Inanspruchnahme der Banken zum Schadensersatz sollte über die Fälle vorsätzlicher, sittenwidriger Schädigung hinaus nur in begründeten Einzelfällen unter Berücksichtigung und gewissenhafter Abwägung der Interessen im Einzelfall zugelassen werden.

Bei einer verantwortungsbewußten Auskunftserteilung und bei vernünftiger Würdigung des Auskunftsinhalts durch den Auskunftsempfänger sind Bankauskünfte eine wirksame Hilfe für den Kreditgeber auf dem Gebiet des präventiven Kreditschutzes. Sie erscheinen als ein „durchaus geeignetes Mittel, allen beteiligten Wirtschaftskreisen gute Dienste zu leisten und sie vor Verlusten zu bewahren“[31].

§ 4 Die Kreditschutzorganisationen

Die erwähnten Mängel im geltenden Recht[1] haben es mit sich gebracht, daß sich die kreditgebende Wirtschaft nicht darauf beschränkte, die Hilfe von branchenungebundenen Kreditschutzorganisationen in Anspruch zu nehmen, vielmehr lassen sich seit nunmehr über 100 Jahren branchengebundene Kreditschutzorganisationen beobachten, die in ebenso starkem Maße wie Auskunfteien zu einer Selbsthilfeorganisation der Wirtschaft geworden sind.

Schon Nothnagel widmet diesen „Schutzgemeinschaften für Handel und Gewerbe“ einen breiten Raum[2]. Er berichtet, daß sich bereits 1867 die damals bestehenden 62 Vereine mit zusammen 8 000 Mitgliedern zu einem Verbande gewerblicher Schutzgemeinschaften zusammengeschlossen haben mit dem Ziel, „den Handwerkern und kleinen Kaufleuten zu dienen“[3]. Durch diesen Zusammenschluß wurde auch die Zielrichtung insofern verändert, als nun nicht mehr der Schutz einzelner Branchen im Vordergrund der Verbandstätigkeit stand, sondern der allgemeine Zweck „der Hebung des Handels und Gewerbes“[4], so z. B. die Bekämpfung des unlauteren Wettbewerbs.

Diese Verbände haben sich bis auf den heutigen Tag durchsetzen können; sie sind als „Verbände zur Förderung gewerblicher Interessen“ in § 13 Abs. 1 UWG vom Gesetzgeber mit eigenen Rechten auf dem Gebiet des unlauteren Wettbewerbs ausgestattet worden, bilden

[31] So Sichtermann, Bankgeheimnis und Bankauskunft, S. 330.
[1] Vgl. oben S. 11 f.
[2] Execution durch sociale Interessengruppen, S. 58 ff.
[3] a.a.O., S. 58.
[4] Nothnagel, a.a.O., S. 59.

jedoch nicht den Gegenstand dieser Untersuchung und unterfallen nicht dem Begriff der Kreditschutzorganisationen in dem hier verstandenen Sinn.

I. Einzelne Erscheinungsformen

Bei den heute noch tätigen Kreditschutzorganisationen handelt es sich überwiegend um solche, die branchengebunden sind. Die nicht branchengebundenen Vereinigungen arbeiten meist nur auf regionaler Ebene. Diese Beschränkung der Tätigkeit auf eine Branche oder auf ein bestimmtes Gebiet scheint schon aus Gründen der Schlagkraft und der Wirksamkeit geboten.

1. Die Verbreitung

Die Anzahl der im Bundesgebiet und in West-Berlin tätigen Kreditschutzvereinigungen läßt sich nur schätzen, weil einige der Vereine nicht unter dem Namen einer Kreditschutzorganisation auftreten, sondern den Kreditschutz nur als Nebenaufgabe eines Wirtschafts- und Arbeitgeberverbandes betreiben. Die Feststellung der genauen Zahl der Kreditschutzorganisationen wird noch dadurch erschwert, daß einige Vereine — aus welchen Gründen auch immer — einen recht dichten „Schleier des Geheimnisvollen" über ihre Arbeit decken. So war in den meisten Fällen Material für diese Arbeit nur unter der Zusicherung vertraulicher Behandlung zu erlangen. In den allgemein zugänglichen Auskunftswerken sind die Vereinigungen oft nicht verzeichnet.

Die Zahl der Kreditschutzvereinigungen in Deutschland dürfte die Zahl von 100 nicht überschreiten. Ein Zusammenschluß der einzelnen Vereinigungen zu einem Gesamtverband wird seit einiger Zeit angestrebt. Die Verwirklichung dieses Planes scheitert möglicherweise an dem Bestreben der Vereinigungen, über ihre Tätigkeit und ihren Wirkungsbereich nichts an die Außenwelt dringen zu lassen. Jedenfalls war es auch der „Arbeitsgemeinschaft Kreditschutz e. V." in Stuttgart nicht möglich, die Zahl der Kreditschutzorganisationen zu nennen. Auch in den wenigen Veröffentlichungen[5] ist kein Hinweis auf die Zahl dieser Vereinigungen zu finden.

---

[5] Dörinkel, Führung von Kreditschutzlisten, in WuW 1953, 95; Ebeling, Die Zulässigkeit sog. Kreditschutzlisten, in WM 1956, 370; Gässler, Kreditschutzdienst als Gemeinschaftsaufgabe, in WuW 1952, 633; Lingenberg, Kreditschutzlisten als unzulässiger Eingriff, in NJW 1954, 449; Merkel, Warnlisten von Wirtschaftsverbänden, in AnwBl. 1952/53, 163; Müßenberger, Kreditschutz — ein umstrittenes Problem, in WuW 1953, 330; Sell, Kreditschutz und Kreditgefährdung, in BerlWirtsch. 52, 1267; Windolph, Kreditschutzlisten, Lexikon, S. 1074.

Die vorliegende Untersuchung beruht auf der genaueren Kenntnis von insgesamt 22 Kreditschutzorganisationen, die überwiegend branchengebunden sind. Elf dieser Vereine sind im gesamten Bundesgebiet tätig, die übrigen beschränken ihren Arbeitsbereich auf eines oder mehrere Bundesländer.

2. Die Rechtsform

Bis auf zwei Ausnahmen werden alle hier untersuchten Vereine in der Rechtsform des eingetragenen Vereins betrieben; lediglich der „Creditschutz-Verein Hamburg-Altonaer Platzhändler" und der „Creditoren-Verein Pforzheim", beide vor dem Jahre 1900 gegründet, haben ihre Rechtsfähigkeit gemäß § 22 BGB durch Verleihung erlangt.

Es dürften keine Bedenken dagegen bestehen, die Kreditschutzvereinigungen als nichtwirtschaftliche Vereine im Sinne des § 21 BGB anzusehen, da die Vereinstätigkeit sich auf die mittelbare Förderung der wirtschaftlichen Betätigung der Mitglieder auf allgemeiner Grundlage beschränkt[6]. Der Hinweis in den meisten Satzungen, daß „ein wirtschaftlicher Geschäftsbetrieb nicht stattfinde", erscheint daher überflüssig.

3. Die Entwicklung in Deutschland

Hinsichtlich der Gründungsdaten der untersuchten Kreditschutzorganisationen läßt sich eine interessante Übereinstimmung feststellen: Die Gründung einiger der bekanntesten Vereine erfolgte in den letzten beiden Jahrzehnten des vorigen Jahrhunderts, zu einer Zeit also, als der Wirtschaftsaufschwung im Zuge zunehmender Industrialisierung das Problem des Kreditschutzes verstärkt auftauchen ließ[7]. Einige der Vereine wurden während oder kurz nach dem Ersten Weltkrieg gegründet[8], wohingegen eine auffallend große Zahl von Gründungen in den ersten fünf Jahren nach der Währungsreform des Jahres 1948 erfolgte, jedes Mal also in einer Zeit starker wirtschaftlicher Anspannung, hohen Kreditbedarfs und großer Personalverknappung einerseits, steigender Insolvenzfälle andererseits.

---

[6] Vgl. Schopp, Die Bedeutung der Vereinsverfassung, in Rpfleger 1959, 335; Staudinger-Coing, Anm. 19 zu § 21.

[7] So der Canstatter Schutzverein, der heutige Südd. Gläubigerschutzverband, im Jahre 1880, der bekannte Creditoren-Verein Pforzheim, Gläubigerschutzverband des Schmuck- und Uhrengewerbes, im Jahre 1894 oder der Schutzverein der Bauinteressenten in Berlin im Jahre 1878.

[8] So z. B. die Vereinigung der Lieferanten im Drogenfach e. V. — Velidro — im Jahre 1915 in Dresden.

4. Die Mitgliederzahlen

Hinsichtlich der Mitgliederzahlen ergeben sich bei den untersuchten Vereinigungen große Unterschiede. Diese sind einmal branchenbedingt, mit anderen Worten davon abhängig, wie stark Produzenten oder Großhändler in der fraglichen Branche überhaupt vorhanden sind. Darüberhinaus hängt die Mitgliederzahl auch davon ab, mit welcher regionalen Ausdehnung die Vereinigung arbeitet. So reichen die Mitgliederzahlen von etwa 50 bei einer regional begrenzten Schutzgemeinschaft, die in erster Linie Handelsvertretern einer Branche zugänglich ist, bis zu mehr als 1 500 beim Südd. Gläubigerschutzverband[9]. Die Mitgliederzahlen allein sagen jedoch über die Schlagkraft und die Bedeutung der einzelnen Vereinigung nicht viel aus, entscheidend dafür ist vielmehr, in welchem Umfang der Verein es verstanden hat, die möglichen Mitglieder einer Branche oder eines Gebietes lückenlos zu erfassen. Und diese Lückenlosigkeit haben sowohl sehr kleine als auch sehr große Vereinigungen erreicht. So berichtet eine — der Mitgliederzahl nach kleine — süddeutsche Kreditschutzvereinigung des Brennstoffgroßhandels, daß die „maßgebenden ... Großhandlungen" Mitglieder der Vereinigung seien. Eine andere Kreditschutzorganisation teilt mit, daß der Verein „50 führende Großhändler des ... großhandels" umfasse. Die für die Schlagkraft entscheidende Lückenlosigkeit des Mitgliederbestandes erreichen auch große Vereinigungen. So ergibt sich aus der Mitgliederliste der „Vereinigung der Lieferanten im Drogenfach e. V. — Velidro", daß nahezu alle der bekannten Hersteller und Großhändler der Chemischen, Pharmazeutischen und Körperpflege-Industrie Mitglieder sind[10]. Noch geschlossener erscheint der Mitgliederbestand des Creditoren-Vereins in Pforzheim[11], was darauf zurückgeführt werden kann, daß diese Industrie vorzugsweise in Südwestdeutschland zu finden ist. Ein Zusammenschluß mit Sitz in Pforzheim und mit der Möglichkeit der Errichtung von Zweigstellen war daher auch organisatorisch leichter zu erreichen. Das Mitgliederverzeichnis läßt erkennen, daß in Pforzheim und Idar-Oberstein mehr Mitglieder beheimatet sind als im übrigen Bundesgebiet zusammen.

5. Die Aufgabenstellung der Vereine

Übereinstimmend wird bei den untersuchten Kreditschutzorganisationen als Zweck des Vereins der Kreditschutz angegeben, wenn auch mit unterschiedlichen Formulierungen, aus denen sich jeweils noch

[9] Vgl. Hageloh - Weller, Die Geschichte des Süddeutschen Gläubigerschutzverbandes, S. 9.
[10] 50 Jahre Velidro, S. 101.
[11] 60 Jahre Creditoren-Verein Pforzheim, S. 67 ff.

andere Ziele ergeben, die vielfach auch von anderen Wirtschaftsverbänden verfolgt werden. Folgende Beispiele mögen das veranschaulichen:

Eine recht weitgehende Aussage über den Zweck des Vereins findet sich in § 2 der Satzung des Kreditschutzverbandes H., eines Zusammenschlusses von Elektro-, Rundfunk- und Fernsehgroßhändlern[12]:

„§ 2 Zweck

I Der Zweck des Verbandes ist auf Schutz, Wahrnehmung und Förderung der allgemeinen ideellen und wirtschaftlichen Interessen seiner Mitglieder hinsichtlich ihrer Belange als Kreditgeber und Gläubiger gerichtet; eine Vertretung einzelner Mitglieder findet nur statt, wenn diese Tätigkeit im Rahmen der Gesamttätigkeit des Verbandes eine untergeordnete Rolle spielt.

II Der Zweck des Verbandes ist nicht auf wirtschaftlichen Geschäftsbetrieb gerichtet; die Erzielung eines Gewinns sowie politische und konfessionelle Betätigung ist ausgeschlossen."

Einen genaueren Hinweis auf den Zweck des Vereins sowie auch auf die Arbeitsweise enthält § 2 der Satzung des „Kreditschutz des Hohlglas- und Keramik-Großhandels e. V."[13]:

„§ 2 Zweck

1) Zweck des Kreditschutzes ist es, die Mitglieder des Vereins durch Austausch vertraulicher Mitteilungen über ihre Erfahrungen hinsichtlich der Erfüllung geschäftlicher Verpflichtungen seitens der Abnehmer vor geldlichen Verlusten zu schützen.
2) Zur Erreichung dieses Zwecks gibt der Kreditschutz regelmäßig Mitteilungen heraus, die sich auf die ihm zugeleiteten Informationen stützen.
3) Der Kreditschutz unterhält eine Mahn- und Klageabteilung zur Beitreibung von Forderungen der Mitglieder.
4) Er berät die Mitglieder weiter in Betriebsvergleichs- und sonstigen finanziellen Angelegenheiten."

Eine der umfangreichsten Aufgabenstellungen der untersuchten Kreditschutzorganisationen hat der Creditoren-Verein Pforzheim zum Ziel. Dies wird auch aus der Satzung deutlich[14]:

„§ 3 Aufgaben des Verbandes

1) Dem Verband obliegt es, die Interessen des Schmuck-, Silberwaren- und Uhrengewerbes sowie artverwandter Wirtschaftszweige zu vereinigen und zu vertreten. Hierbei hat er auf die Einhaltung ehrbarer Geschäftsgebräuche zu achten; Mißständen innerhalb dieser Branchen hat er entgegenzutreten.

---

[12] AG Frankfurt 41 VR 1091.

[13] AG Gütersloh Vereinsregister Nr. 129.

[14] Genehmigt durch Erlaß des Wirtschaftsministeriums Bad-Württbg. vom 9. 12. 1965 — Az. Nr. 2600 C 156/28 —.

2) Diese Aufgaben erfüllt der Verband, indem er

1. eine Auskunftei unterhält, durch die er die einschlägigen Firmen *aller*[15] Länder auf Anforderung beurteilt;
2. in Mahn- und Beitreibungsangelegenheiten die Interessen seiner Mitglieder wahrnimmt und in geeignet erscheinenden Fällen vordringlich eine außergerichtliche Regelung herbeizuführen sucht;
3. bei Zahlungsschwierigkeiten und Zahlungseinstellungen die Rechte seiner Mitglieder vertritt. Auch hier ist — soweit möglich — eine außergerichtliche Regelung anzustreben. Wird diese nicht erreicht, hat der Verband auf eine beschleunigte Abwicklung eines gerichtlichen Vergleichs- oder Konkursverfahrens hinzuwirken. Dabei hat er ebenso wie im Falle einer außergerichtlichen Regelung darauf zu achten, daß eine gleichmäßige Befriedigung aller Gläubiger erfolgt. Bei der Geltendmachung von Sonderrechten finden die gesetzlichen Vorschriften Anwendung;
4. durch seine Kreditkontrolle den Teilnehmern monatliche Berichte über das ermittelte Gesamtobligo und die Zahlungsweise der überwachten Abnehmerfirmen liefert;
5. die Interessen seiner Mitglieder auf dem Gebiete des Versicherungswesens vertritt und fördert;
6. das Standesbewußtsein und das Gefühl der Zusammengehörigkeit unter den Mitgliedern pflegt, geschäftliche Streitigkeiten unter ihnen zu schlichten sucht, ferner in allen rechtlichen Berufs- und Standesangelegenheiten eine beratende und auf Förderung und Besserung der wirtschaftlichen Belange und gemeinsamen Standesinteressen abzielende Tätigkeit entwickelt und
7. durch Herausgabe von Mitteilungen die Mitglieder über bemerkenswerte Vorkommnisse und über die Tätigkeit des Verbandes fortlaufend unterrichtet und über Rechtsfragen informiert, die den Geschäftskreis der Mitglieder betreffen.

3) In Ansehung von Abs. 2 Ziff. 2 und 3 vertritt der Verband nur die Interessen der Mitglieder mit Gläubigereigenschaft."

Wenn dieser umfangreiche Aufgabenkatalog auch den Anschein erweckt, als sei der Kreditschutz nicht Hauptaufgabe des Vereins, so ergeben die Zahlen des Geschäftsberichts für 1968, daß der vorbeugende Kreditschutz und die Beitreibung von Forderungen den überwiegenden Teil der Geschäftstätigkeit ausmachen. Auch heute noch besteht die Aufgabenstellung des Vereins vorzugsweise darin,

„1. seine Mitglieder durch Beschaffung und Zusammenfassung thunlichst zuverlässiger Auskünfte über die kreditnehmenden Kunden vor möglichen Schäden zu behüten,

2. bei Zahlungseinstellungen von Kunden die Ansprüche seiner dabei beteiligten Mitglieder durch ein gemeinsames Vorgehen zu wahren, ferner mit vereinter Kraft zu verhindern, daß Forderungen seitens unredlicher Schuldner durch falsche Angaben von Passiven oder durch Verheimlichung von Aktiven beeinträchtigt werden und jeweils den bestmöglichen Ausgleich zu erreichen,

---

[15] Hervorhebung durch den Verfasser.

3. Verständigungen über das Platzinteresse schädigende und darum abzustellende Mißbräuche anzubahnen."

so wie es in Art. 3 der vorläufigen Statuten von 1894 zum Ausdruck gekommen ist[16].

II. Die Arbeitsweise der Kreditschutzorganisationen

Um den Vereinszweck des präventiven Kreditschutzes zu erreichen, wenden fast alle der untersuchten Kreditschutzorganisationen ein Meldesystem an, welches im einzelnen jedoch recht unterschiedlich sein kann.

1. Das Meldesystem

Überwiegend melden die Mitglieder nur einzelne Vorfälle im Verhältnis zu ihren Abnehmern an den Verein. Diese Meldungen werden gesammelt und, soweit es seitens der Vereinsgeschäftsführung notwendig erscheint, den Mitgliedern ausgewertet wieder zur Verfügung gestellt.

Dieses Meldesystem soll im folgenden am Beispiel einer Kreditschutzgemeinschaft der Ernährungswirtschaft verdeutlicht werden[17].

Dort ist, wie bei fast allen gleichartigen Vereinen, die Pflicht der Mitglieder zur Mitarbeit, d. h. zur Meldung, in der Satzung verankert. Bei der genannten Kreditschutzgemeinschaft heißt es in § 5 der Satzung:

„1) Die Mitglieder sind verpflichtet, zu den festgesetzten Terminen pünktlich ihre Kunden, die mit der Erfüllung ihrer Zahlungsverpflichtungen in Verzug gekommen sind, der Geschäftsstelle in der vorgeschriebenen Form zu melden und auf Erfordern genaue Auskünfte zu erteilen.

2) Für diese Pflichten gelten die Grundsätze kaufmännischer Sorgfaltspflicht. Die Mitglieder gewährleisten die Richtigkeit ihrer Meldungen und Auskünfte."

Zum Zwecke der Erstattung der Meldungen erhalten die Mitglieder, in diesem Falle Unternehmen der Ernährungs-Industrie, Kenn-Nummern zugeteilt. Unter dieser Nummer werden auf formularartigen Karteikarten zweimal im Monat die Meldungen abgegeben, und zwar jeweils nach dem Stande vom 1. und vom 15. des Berichtsmonats. Dabei sind alle am Stichtag vorliegenden Zahlungsunregelmäßigkeiten zu berichten. Jeder Tatbestand ist nur einmal zu melden, es sei denn,

---

[16] 75 Jahre Creditoren-Verein Pforzheim 1894 — 1969, S. 1.

[17] Der Verein hat um vertrauliche Behandlung der Unterlagen gebeten, so daß der Name unerwähnt bleiben soll.

daß sich bis zum nächsten Stichtag der gemeldete Tatbestand geändert hat. Das kann bedeuten, daß ein Schuldner einmal wegen Überschreitung eines Zahlungsziels, am nächsten Stichtag wegen Antrags auf Erlaß eines Zahlungsbefehls gemeldet wird.

Hat ein früher gemeldeter Schuldner seine Verpflichtungen erfüllt, so ist dieses am nächsten Stichtag mitzuteilen, damit die Kartei berichtigt werden kann.

Die Mitglieder werden in einer „Anleitung für die Erstattung der Meldungen" ausdrücklich darauf hingewiesen, daß nur die Schuldner gemeldet werden dürfen, die tatsächlich ihren Verpflichtungen nicht nachgekommen sind, nicht dagegen Abnehmer, mit denen Meinungsverschiedenheiten (z. B. wegen Mängelrügen) bestehen, und die aus diesem Grunde säumig geworden sind.

Die Meldungen erfolgen verschlüsselt, und zwar jeweils getrennt nach Branchengruppe des Schuldners, Tatbestand und Höhe der Schuld.

Die Einteilung der Branchengruppen ist bedingt durch den Wirkungskreis der Kreditschutzgemeinschaft und hat im Rahmen dieser Untersuchung nur nebensächliche Bedeutung. Sie mag daher hier nur der Vollständigkeit dienen.

Die Schuldner werden unter folgenden Branchengruppen-Kennzeichen gemeldet:

b — alle Schuldner, die mit *backen* zu tun haben
f — Fertigungsbetriebe (Fabriken)
fl — Fleischwaren
g — Gaststätten und Beherbergungsbetriebe
H — Großhandelsbetriebe
h — Einzelhandelsbetriebe (darunter auch „Wiederverkäufer")
sg — sonstige *gewerbliche* Arbeitnehmer
sp — sonstige *private* Abnehmer
V — Vertreter

Die Schuldtatbestände werden wie folgt verschlüsselt:

1 — unbestrittene Forderung mindestens *zweimal* gemahnt, Zahlungsziel um zwei Monate überschritten
2 — Scheck nicht eingelöst
3 — Wechsel nicht eingelöst (Protest)
4 — Zahlungsbefehl beantragt
5 — Klage erhoben
6 — Fruchtlose Pfändung (Vollstreckung)
7 — Offenbarungseid, Haftbefehl
8 — Vergleichsverfahren beantragt
8a— Antrag auf richterliche Vertragshilfe
9 — Zahlungseinstellung, Konkurs
0 — Aufhebung aller bisherigen Meldungen (z. B. bei Zahlung)
R — Rückfrage bei der Geschäftsstelle empfohlen

Schließlich wird auch die Höhe der jeweiligen Schuldsumme verschlüsselt gemeldet, und zwar nach folgendem Schema:

A — bis DM 250.—	F — bis DM 10 000.—
B — bis DM 1 000.—	G — bis DM 25 000.—
C — bis DM 2 500.—	H — bis DM 50 000.—
D — bis DM 5 000.—	I — bis DM 100 000.—
E — bis DM 7 500.—	J — über DM 100 000.—

2. Die Auswertung der gemeldeten Tatbestände

Die eingegangenen Meldungen werden in der Geschäftsstelle des Vereins ausgewertet und in einer „Kreditschutzliste" zusammengefaßt. Die Liste wird den Mitgliedern übersandt und dient als Entscheidungshilfe bei zukünftigen unternehmerischen Entschlüssen.

a) Die Verbreitung von Kreditschutzlisten

Neben Name und Anschrift enthält die Liste das jeweilige Merkmal der Branchengruppe des Schuldners, Tatbestand und Höhe der Schuld, außerdem wird die Anzahl der dem Verein bekanntgewordenen Versäumnisse mitgeteilt. Die Kennzeichnung „h 4 C" in einer Liste besagt demnach, daß hier gegen einen Einzelhandelsbetrieb ein Zahlungsbefehl in einer Höhe zwischen DM 1 000.— und DM 2 500.— beantragt worden ist; eine weitere Spalte enthält die Anzahl der gemeldeten Versäumnisse. Die Kenn-Nummer des meldenden Mitglieds erscheint in der Liste nicht.

Da das meldende Mitglied die eigene Meldung ja kennt, kann es an Hand der Kreditschutzliste feststellen, ob seine Forderung die einzige Unregelmäßigkeit des Schuldners ist oder ob daneben auch Forderungen anderer Mitglieder Anlaß zu einer Meldung an den Verein waren. Der Entschluß, welche Maßnahmen gegen den Schuldner zu ergreifen sind, wird auf diese Weise erleichtert.

Dieses System der Aufschlüsselung der Beanstandungen in bestimmte Symbole oder Buchstaben wird von der Mehrzahl der untersuchten Kreditschutzgemeinschaften verwandt, während die Aufteilung in Branchengruppen nur bei dem obengenannten Verein festgestellt werden konnte, bedingt dadurch, daß dieser Verein Unternehmen aller Branchen aus der Ernährungswirtschaft zu seinen Mitgliedern zählt. Nur in seltenen Fällen wird auch der Betrag der Schuld mitgeteilt. Im übrigen wird die Aufschlüsselung nicht einheitlich gehandhabt. Während der „Kreditschutz des Hohlglas- und Keramik-Großhandels e. V." in Gütersloh sich darauf beschränkt, in der Satzung

10 Gruppen aufzustellen, in die die Aufschlüsselung erfolgen soll[18], beschränken sich andere Vereinigungen darauf, ihre Symbole jeweils am Anfang einer jeden Liste mitzuteilen. In diesen Fällen wird die Eingruppierung der gemeldeten Tatbestände von der Geschäftsstelle vorgenommen, der Schlüssel dient dem Mitglied also nur zum Verständnis der Mitteilungen.

Durch eine Schutzgemeinschaft auf dem Gebiete des Bauwesens in Berlin wird die Aufschlüsselung so detailliert vorgenommen, daß der Meldeschlüssel insgesamt 40 Tatbestandsgruppen enthält. Hier sind die Mitglieder gehalten, sogar Tatbestände wie „vordatierte Schecks" oder „Entzug der Gewerbegenehmigung" bei ihren Abnehmern zu melden.

Bei dieser Art der Meldung bestimmter Fälle von Zahlungsunregelmäßigkeiten erfolgt fast immer eine Mitteilung durch Kreditschutzlisten, die von der Geschäftsstelle des Vereins in regelmäßigen, meist monatlichen Abständen herausgegeben werden, und die sehr unterschiedliche Bezeichnungen wie „Schutzliste", „Kreditschutzliste", „Schwarze Liste" oder „Vertrauliche Mitteilungen" tragen. Der Kreis der Bezieher dieser Listen ist auf die sich an dem Meldeverfahren beteiligenden Mitglieder beschränkt.

Die Listen haben teilweise einen ganz erheblichen Umfang. So sind in der „Auskunfts-Liste" des „Südd. Gläubigerschutzverband vorm. Canstatter Schutzverein — gegründet 1880 e. V.", einer nicht branchengebundenen Kreditschutzorganisation, allein für den Bereich Stuttgart fast 6 500 Eintragungen, in der Ausgabe Stuttgart-Umgebung etwa 4 500 Eintragungen verzeichnet. Diese beruhen jedoch nicht immer auf Meldungen der Mitglieder, sondern stammen teilweise aus anderen Quellen wie Schuldnerverzeichnissen der Amtsgerichte oder Veröffentlichungen über Konkurs- und Vergleichsverfahren.

Nur in wenigen Fällen dienen die Meldungen dazu, Archivmaterial für die Geschäftsstelle der Kreditschutzgemeinschaft zu sammeln. Dieses wird dann nicht veröffentlicht, sondern steht den Mitgliedsfirmen nur fallweise auf Einzelanfrage hin zur Verfügung.

b) Der Kreditvolumenmeldedienst

Neben dem oben geschilderten Meldeverfahren einzelner Tatbestände hat sich ein weiteres Kreditschutzverfahren herausgebildet, welches in der Hauptsache von den Kreditschutzvereinigungen des Brennstoffgroßhandels angewandt wird. Diese bestehen in fast allen Bundesländern; da sich der Abnehmerkreis des Brennstoffgroßhandels

---

[18] Darunter Meldungen wie „Nachteiliges nicht bekannt" oder „Langsamer Zahler".

in der Regel auf die nähere Umgebung des Firmensitzes des Großhändlers beschränkt, erscheint die Einrichtung einer Organisation für das gesamte Bundesgebiet nicht in dem Maße notwendig, wie dies in anderen Branchen der Fall ist, wo sich die Geschäftsbeziehungen vielfach über das ganze Bundesgebiet oder sogar darüber hinaus erstrekken.

Das Verfahren wird in der Weise gehandhabt, daß sich die Vereinigung laufend die Außenstände der Mitgliedsfirmen melden läßt und letztere über die Entwicklung der Schuldsalden bei den einzelnen Kundenfirmen unterrichtet. Gässler[19] hat dieses System als Kreditvolumenmeldedienst bezeichnet.

Dieses Kreditschutzverfahren kommt auch in der Satzung des Vereins zum Ausdruck, wenn es dort heißt, daß der Zweck des Vereins „in der Organisierung eines gegenseitigen *Erfahrungs-Austausches* unter den Mitgliedern zur Vermeidung von Verlusten aus der Kreditgewährung des Brennstoffhandels bei Lieferung an seine Abnehmer" bestehe[20].

Nach § 8 der Satzung des Vereins sind die Mitglieder an einem bestimmten Stichtag zu folgenden Meldungen über ihre Lieferungen an Händler-Abnehmer verpflichtet:

„a) den Debet-Saldo nach dem Stand am Schluß des vorhergehenden Monats;

b) die Höhe des am Schluß des vorhergehenden Monats bestehenden Obligos der eigenen Akzepte des Abnehmers;

c) die Höhe des am Schluß des vorhergehenden Monats bestehenden Obligos der Kundenwechsel des Abnehmers;

d) den Debet-Saldo einschließlich des Obligos an eigenen Akzepten und Kundenwechseln für Lieferungen sonstiger Waren gemäß § 7 Abs. 2[21];

e) den Debet-Saldo einschließlich des Obligos an eigenen Akzepten und Kundenwechseln für Bevorratungsmengen in Brennstoffen;

f) die Höhe der über zwei Monate fälligen Forderungen, die in den Meldungen gemäß Buchstabe a) enthalten sind;

g) die Höhe und die Qualität der Sicherheit, welche die Lieferfirma von dem Abnehmer besitzt."

Diese Meldungen erfolgen auf besonderen Meldekarten ausnahmslos unter der Schlüssel-Nummer der Meldefirma; sie werden von der Geschäftsstelle für jeden Händler-Abnehmer auf einer Sammelkarte zusammengefaßt.

---

[19] Kreditschutzdienst als Gemeinschaftsaufgabe, in WuW 1952, 634.

[20] So § 2 der Satzung der „Kreditschutz-Vereinigung des Brennstoffgroßhandels für Hessen e. V."

[21] Gemeint sind Lieferungen von Nutz- und Brennholz, Düngemitteln, Baumaterialien o. ä.

Nach Auswertung aller eingegangenen Meldungen erhält der Lieferant, das Vereinsmitglied, eine Mitteilung mit dem Eintrag der monatlichen Gesamtsalden seines Abnehmers. Diese Mitteilung enthält neben der Wiedergabe der eigenen Meldung auch die Höhe der Forderungen der übrigen Lieferanten. Das Mitglied kann aus der Mitteilung also die Entwicklung der Höhe der Gesamtforderungen, der über zwei Monate alten Forderungen, des — eigenen wie fremden — Wechselobligos und die Zahl der Lieferanten ersehen, ohne daß es Einzelheiten über die Forderungen der Mitlieferanten erfährt, da diese nur jeweils als Gesamtsaldo erscheinen. Ebensowenig erhält das Mitglied eine Mitteilung über die Namen der Mitlieferanten.

Die hessische Vereinigung verwendet für die Übertragung der mitgeteilten Salden in die Kartei sowie für die Mitteilungen an die Mitglieder eine elektronische Datenverarbeitungs-Anlage.

Dieses Verfahren der Meldung aller Forderungen an die Geschäftsstelle und der Rückmeldung aller Salden an das Vereinsmitglied hat sich außerordentlich bewährt. Es erlaubt einen sehr genauen Einblick in die wirtschaftliche Position und das unternehmerische Verhalten des Schuldners. Mögen auch die eigenen Geschäftsbeziehungen mit dem Schuldner stets angenehm und reibungslos abgewickelt worden sein, weil der Schuldner — aus welchen Gründen auch immer — gerade diesem Lieferanten gegenüber seine Verpflichtungen stets pünktlich erfüllt hat, so lassen sich doch Rückschlüsse ziehen — und Vorsichtsmaßnahmen ergreifen —, wenn festzustellen ist, daß das Zahlungsziel anderen Mitlieferanten gegenüber fast regelmäßig und erheblich überschritten wird.

Der „Erfahrungs-Austausch unter den Mitgliedern“[22] geht sogar soweit, daß das einzelne Vereinsmitglied von sich aus — abgesehen von wenigen Ausnahmen — keine Maßnahmen gegen den Schuldner ergreifen darf. Vielmehr muß hierzu — über den Geschäftsführer des Vereins — die Zustimmung der beteiligten Mitlieferanten eingeholt werden. Hiermit soll ein gemeinsames Vorgehen auf der Basis loyaler Zusammenarbeit zwischen den Vereinsmitgliedern erreicht werden, damit nicht ein Vereinsmitglied allein zum Schaden für die anderen gegen den Schuldner vorgeht. Erst wenn ein gemeinsames Vorgehen nicht erreicht werden kann oder die Mitlieferanten ihre Zustimmung zum Vorgehen des Antragstellers verweigern, darf dieser allein Maßnahmen ergreifen[22a].

Neben den Meldungen der einzelnen Salden sind die Mitglieder verpflichtet, auch einzelne Tatbestände zu melden, wie dies auch bei der

[22] Im Sinne des § 2 der Satzung.

[22a] Näheres ergibt sich aus §§ 13 und 14 der Satzung.

Mehrzahl der übrigen Kreditschutzorganisationen geschieht. Es sind dies[23]:

„a) wenn das Akzept eines Abnehmers zu Protest gegangen ist;

b) wenn der Abnehmer einen Scheck in Zahlung gegeben hat, der mangels Deckung nicht eingelöst worden ist, und wenn der betreffende Abnehmer auf Anforderung nicht binnen drei Tagen Zahlung geleistet hat;

c) wenn unter Beachtung der Bestimmung des § 13 der Satzung[24] auf gerichtlichem oder sonstigem Wege die Beitreibung einer Forderung veranlaßt worden ist, gleichgültig, ob es sich um eine Forderung aus Warenlieferung oder Darlehensgewährung, um eine Schadensersatzforderung oder um irgendeine andere Forderung an den Abnehmer handelt. Das gleiche gilt, wenn im Rahmen oder an Stelle einer Beitreibung eine Forderung sichergestellt worden ist;

d) alle Erfahrungen im Geschäftsverkehr mit der gemeldeten Firma, insbesondere auffallende Verschlechterungen der Zahlungsweise, ferner Antrag auf Entschuldungs-Verfahren, Pfändung, fruchtlose Vollstrekkung, Ladung zum Offenbarungseid und Leistung des Offenbarungseids;

e) die Abtretung von Forderungen und Vermögenswerten des Abnehmers an Dritte, die nicht Mitglieder des Vereins sind, sobald Mitgliedern hiervon etwas bekannt ist."

Die Bearbeitung dieser Meldungen nimmt keinen breiten Raum ein; nur bei Bedarf werden die obengenannten Tatbestände den Mitgliedern durch Rundschreiben bekannt gemacht.

Im übrigen verwenden nicht alle Kreditschutzgemeinschaften ein — wie auch immer geartetes — Meldesystem. Einer der größten Vereine, die Velidro — Vereinigung der Lieferanten im Drogenfach e. V. — ist heute auf die aktive Mitarbeit der Mitglieder nicht mehr angewiesen, nachdem früher ebenfalls ein Meldeverfahren praktiziert wurde. Diese Änderung ist dadurch möglich geworden, daß durch das Inkasso von Forderungen für die Mitglieder seitens des Vereins genügend Material für den Kreditschutz anfällt[25].

3. Die Verpflichtungen der Mitglieder

Die Wirksamkeit und Schlagkraft der Kreditschutzsysteme, damit verbunden auch die Bedeutung der Kreditschutzgemeinschaften, hängen von mehreren Faktoren ab.

---

[23] Nach § 11 der Satzung der „Kreditschutz-Vereinigung des Brennstoffgroßhandels für Hessen e. V."

[24] Gemeint ist die vorherige Zustimmung oder die Verabredung gemeinsamen Vorgehens der Mitlieferanten.

[25] 50 Jahre Velidro, S. 19.

a) Die Meldepflichten

Die Aussagefähigkeit der Kreditschutzlisten oder der Saldenmeldungen beim Kreditvolumenmeldedienst ist nur dann gewährleistet, wenn die Mitglieder ihrer Meldepflicht lückenlos nachkommen. Die Vereine haben dieser Gefahr der Nachlässigkeit bei den Meldungen ausnahmslos dadurch zu begegnen versucht, daß sie in der Satzung Sanktionen gegen das Mitglied bei Verletzung der Meldepflicht vorsehen. Daneben gibt es sogenannte „Verpflichtungsscheine“, in denen sich die Mitglieder zu Schadensersatzleistungen für den Fall schuldhaft falscher Meldung verpflichten.

Einige Kreditschutzorganisationen sehen bei Verstößen gegen die Meldepflicht überhaupt oder bei schuldhaft unrichtiger oder unvollständiger Meldung Vertragsstrafen in Höhe von DM 100.— bis DM 1 000.— vor; daneben wird die Vernachlässigung der Meldepflicht vielfach als vereinsschädigend angesehen, so daß der Ausschluß des Mitglieds erfolgen kann.

Die Folgen nachlässiger oder falscher Meldungen treffen vielfach nicht nur den Schuldner, über dessen Bonität Fehlschlüsse — im positiven wie im negativen Sinne — gezogen werden können, sondern sie können durchaus auch Schäden bei den Mitlieferanten verursachen.

In einem Falle, den der BGH[26] zu entscheiden hatte, gehörten beide Parteien einer Kreditschutzorganisation an. Sie hatten sich in „Verpflichtungsscheinen“ zur Einhaltung der „Bestimmungen über Kreditschutz“ bereit erklärt. Für den Fall vorsätzlich oder fahrlässig falscher Meldungen oder der Nichtmeldung wesentlicher Veränderungen beim Schuldner hatten sie eine Verpflichtung zu Schadensersatzleistungen anerkannt.

Die an dem Kreditschutz beteiligten Firmen hatten ihren Sitz in verschiedenen OLG-Bezirken; der BGH konnte also die „Bestimmungen über Kreditschutz“ als „typische“ Vertragsbedingungen gemäß § 549 Abs. 1 ZPO auslegen[27]. Da in dem vorliegenden Verfahren durch das OLG keine vollständige Tatsachenfeststellung erfolgt war, hat der BGH die Sache gemäß § 565 ZPO zurückverwiesen. Er hat in der Begründung zum Ausdruck gebracht, daß die Beklagte der Klägerin wegen Nichtmeldung des Tatbestandes „nicht kreditwürdig, zahlt alte Forderungen ab“ schadensersatzpflichtig geworden sein könne. Er hat damit subjektive Bewertungsmaßstäbe — auch die Bewertung als „nicht kreditwürdig“ ist in der Regel eine subjektive — in Kreditschutzsystemen und -verfahren für zulässig gehalten.

---

[26] WM 1961, 153.

[27] WM 1961, 154.

Es handelt sich hier um eine Entscheidung, die den Kreditschutzgemeinschaften und den meldenden Mitgliedern ein hohes Maß an Verantwortungsbewußtsein auferlegt.

b) Die Verpflichtung zu Vertraulichkeit

Weiterhin ist es für das Funktionieren der Kreditschutzsysteme unerläßlich, daß die von dem Verein herausgegebenen Kreditschutzlisten streng vertraulich behandelt und von dem Empfänger nur zu dem Zwecke des eigenen Kreditschutzes verwandt werden. Auf die Einhaltung dieser Verpflichtung muß einmal im Interesse der meldenden Firma geachtet werden, zum anderen auch im Interesse des in der Liste aufgeführten Schuldners. Einige Kreditschutzorganisationen begnügen sich mit einem Hinweis zur Vertraulichkeit in der Satzung, der zum Beispiel wie folgt lauten kann[28]:

„Die Mitglieder dürfen die durch Listen oder sonst vom Verband erhaltenen Mitteilungen bezüglich säumiger Zahler nur für das Interesse ihres Geschäftes benützen und sind insbesondere dafür verantwortlich, daß solche Mitteilungen nicht an unbefugte dritte Personen gelangen. Für irgendwelche Folgen aus der Nichteinhaltung dieser Vorschrift sind die dagegen verstoßenden Mitglieder voll haftbar."

Andere Vereine sehen auch hier Vertragsstrafen oder sogar den Ausschluß aus dem Verein vor.

III. Die Haftung der Kreditschutzorganisationen

Die Verpflichtung zu strikter Vertraulichkeit sowohl der Meldungen als auch der Kreditschutzlisten hat zur Folge, daß sich die Gerichte nur sehr selten mit derartigen Schadensersatzprozessen zu beschäftigen haben. Diese Feststellung darf jedoch nicht zu dem Fehlschluß verführen, das Maß möglicher Beeinträchtigung der Schuldner sei so gering wie die Anzahl der Prozesse.

1. Die Haftung für objektiv falsche Tatsachen

Von der Begründung und vom Ergebnis her einleuchtend erscheint in diesem Zusammenhang das Urteil des Reichsgerichts vom 30. 5. 1927[29]. Die Beklagte gab für ihre Mitglieder „Vertrauliche Mitteilungen" heraus, in denen unter anderen die Personen verzeichnet wurden, die innerhalb eines gewissen Zeitraums den Offenbarungseid geleistet

---

[28] So § 19 der Satzung des „Südd. Gläubigerschutzverbands vorm. Canstatter Schutzverein — gegründet 1880 e. V."

[29] JW 1927, 1994.

haben oder gegen die Haftbefehl zur Erzwingung der Eidesleistung angeordnet war. Der Kläger wurde in den „Vertraulichen Mitteilungen" als eine der Personen bekanntgegeben, die den Offenbarungseid geleistet hätten. Diese Mitteilung war falsch, wobei ein Verschulden der Beklagten festgestellt wurde.

Das RG hat einem Berichtigungsverlangen des Klägers und seiner Feststellungsklage hinsichtlich eines Schadensersatzanspruchs mit dem Hinweis darauf stattgegeben, daß „angesichts der für die Schuldner eintretenden Folgen ... eine besonders sorgfältige Anfertigung der Verzeichnisse verlangt werden müsse"[30].

Mögen in derartigen Fällen die Folgen für die Schuldner übersehbar und die „Wiedergutmachungsansprüche" durch eine Berichtigung verhältnismäßig einfach zu befriedigen sein, so treten größere Schwierigkeiten und erhebliche Gefahren in den Fällen auf, in denen eine Beurteilung des Schuldners auf Grund subjektiver Mitteilungen oder Empfindungen eines Gläubigers erfolgt. Auf diese Schwierigkeiten haben Zergiebel[31] und Windolph[32] hingewiesen.

2. Die Haftung für Werturteile

Eine nicht geringere Gefahr scheint aber auch darin zu liegen, daß Gläubiger versucht sein können, ihnen mißliebige Schuldner durch Meldung eines subjektiven, ungerechtfertigten Tatbestandes an den Verein und damit verbunden durch den Druck der Kreditschutzorganisation aus dem Wirtschaftsleben auszuschalten. Die Kennzeichnung „erhebliche Zielüberschreitung trotz wiederholter Mahnungen"[33] läßt weder erkennen, ob der Schuldner aus Böswilligkeit nicht zahlt, oder ob es sich um eine — möglicherweise vorübergehende — unverschuldete Zahlungsunfähigkeit handelt. Die Reaktion der Mitlieferanten auf eine solche Meldung wird in der Regel jedoch die sein, daß Kreditgeschäfte mit dem Gemeldeten nicht mehr getätigt werden. Als weiteres Beispiel gefährlicher subjektiver Beurteilung soll die Kennzeichnung „Schikaneur"[34] genannt sein. Wie leicht ist es denkbar, daß ein über Mängelrügen des Abnehmers verärgerter Lieferant eine solche Meldung erstattet. Es darf hier nicht übersehen werden, daß der Schuldner in keinem Falle vor Aufnahme in die Schutzliste gehört

[30] JW 1927, 1995.

[31] Der Kreditschutz in Handel und Gewerbe, S. 24.

[32] Kreditschutzlisten, Lexikon, S. 1074.

[33] So beim Kreditschutzsystem eines Verbandes der Elektro-Großhändler.

[34] So bei einem Wirtschafts- und Arbeitgeberverband, der den Kreditschutz nur als Randaufgabe betreibt.

wird, ein bedenklicher, bei diesem System aber wohl unvermeidbarer Umstand, auf den bereits Nothnagel[35] hingewiesen hat.

Ähnliche, jedoch nicht ganz so weitgehende Bedenken äußerte das OLG Köln in einem unveröffentlichten Urteil vom 30. 11. 1951[36], das von Sell[37] und Gässler[38] mitgeteilt wird. Da diesem Urteil, wie auch dem in derselben Sache ergangenen Revisionsurteil des BGH[39], für die Praxis der Kreditschutzorganisationen einige Bedeutung zukommt, sei es hier ausführlicher dargestellt.

Der beklagte Verband unterhielt für seine Mitglieder eine „Kreditschutzauskunftei auf Gegenseitigkeit". In der zweimal im Monat erschienenen Warnliste war neben anderen Tatbestandsmerkmalen eine Rubrik für „langsame Zahler" enthalten. Für diese Rubrik sollten die Abnehmer gemeldet werden, die das Zahlungsziel trotz wiederholter Mahnungen um mehr als 30 Tage überschritten hatten, ohne sich auf sachliche Einwendungen gegen die Forderung zu berufen.

Der Kläger war auf die Meldung eines Mitglieds hin, dem er unstreitig einen Betrag von DM 600,— schuldete, in die Liste als „langsamer Zahler" aufgenommen worden. Er machte geltend, er sei durch die Aufnahme in die Warnliste in erhebliche Kreditschwierigkeiten gekommen. Mit seiner Klage verfolgte er einen Schadensersatzanspruch.

Wenn auch die Entscheidung des OLG Köln vom BGH[40] nur zu einem geringen Teil bestätigt wurde, so erscheint die Argumentation in diesem Zusammenhang mitteilenswert, zeigt sie doch das Unbehagen des Gerichts vor einer Selbsthilfeorganisation der Wirtschaft und die falschen Vorstellungen, die man von Kreditschutzorganisationen hat.

Das OLG Köln mißt dem beklagten Verband eine solche Autorität bei, daß die Aufnahme in die Warnliste in ihrer praktischen Auswirkung einer „*Anprangerung* vor der *breiten, speziell interessierten Öffentlichkeit* gleichkomme"[41]. Eine Aufnahme in die Liste sei nur statthaft, wenn zwei Mindestvoraussetzungen erfüllt seien. Einmal müßten die zur Aufnahme in die Warnliste führenden Tatsachen so gewichtig sein, daß die Kreditwürdigkeit des Betroffenen ernstlich Anlaß zu Bedenken biete und eine Bekanntgabe auf breiterer Basis rechtfertige. Zum anderen müsse das Verfahren, welches zur Aufnahme in die Liste führe, genügend Sicherheiten bieten, um Mißgriffe

---

[35] Execution durch sociale Interessengruppen, S. 63, Fußn. 19.
[36] 6 U 166/51.
[37] Kreditschutz und Kreditgefährdung, in BerlWirtsch. 1952, 1267.
[38] Kreditschutzdienst als Gemeinschaftsaufgabe, in WuW 1952, 633.
[39] BGHZ 8, 142.
[40] BGHZ 8, 142.
[41] Hervorhebung durch den Verfasser.

oder gar Mißbrauch für den eigentlichen Konkurrenzkampf mit hinreißender Zuverlässigkeit auszuschließen.

Gegen diese Grundsätze habe, so fährt das OLG Köln fort, der beklagte Verband verstoßen. Ein Zahlungsverzug — auch über eine etwas längere Zeit — rechtfertige nicht die Anprangerung einer angesehenen Firma. Auch das Meldeverfahren selbst sei zu beanstanden, da die Feststellung der Tatsachen und ihre Auswertung vollständig den einzelnen Mitgliedern überlassen sei, obwohl gerade ein Gläubiger zur objektiven Beurteilung seines Schuldners nicht geeignet sei. Die Kreditschutzorganisation dürfe erst dann auf eigene Nachprüfungen verzichten, wenn „eine Reihe von belastenden Meldungen durch verschiedene, angesehene Mitgliederfirmen" vorläge. In dem Vorgehen liege objektiv ein Verstoß gegen die guten Sitten. Aus diesen Gründen sei der Schadensersatzanspruch des Klägers aus dem Gesichtspunkt der widerrechtlichen Verletzung des von diesem ausgeübten Gewerbebetriebes (§ 823 BGB) als auch nach § 826 BGB begründet. Auf die Frage, ob der Anspruch nicht auch aus § 824 BGB begründet sei, könne verzichtet werden.

Dem OLG Köln ist sicher darin zuzustimmen, daß bei der Herausgabe von Kreditschutzmeldungen eine Interessenabwägung stattzufinden habe[42]. Offensichtlich hat das Gericht selbst eine solche nicht vorgenommen, sondern nur den Schuldner für schutzbedürftig gehalten, auf die Interessen und den Schutz des Gläubigers jedoch keine Rücksicht genommen. Wollte man der Ansicht des OLG Köln folgen und erst mehrere Fälle von Zahlungsverzug abwarten, bevor der Schuldner gemeldet werden darf, so wäre jedes Kreditschutzsystem wertlos und den Interessen des Gläubigers nicht gedient.

Es soll hier noch einmal betont werden[43], daß die Kreditschutzsysteme einem Gläubiger im Einzelfalle die Möglichkeit geben können, einen Schuldner zu ruinieren. Solche Gefahren dürfen aber nicht dazu führen, einen derart perfekten Schutz gegen mögliche Mißbräuche schaffen zu wollen, daß damit ein Meldesystem in der bisher gehandhabten Art überhaupt nicht mehr möglich wäre.

Schließlich verkennt das OLG Köln aber auch das ganze System, wenn es in der Aufnahme in eine Warnliste eine „Anprangerung vor der breiten, speziell interessierten Öffentlichkeit" sieht. Die Meldung an den Verein und die Aufnahme in die Kreditschutzliste soll nicht nur eine Warnung der Mitlieferanten — die ja auch Konkurrenten des Meldenden sind — ermöglichen, sie soll in erster Linie Anregung sein,

---

[42] So auch Gässler, Kreditschutzdienst als Gemeinschaftsaufgabe, in WuW 1952, 639.

[43] Vgl. oben S. 61.

der Prüfung der Kreditwürdigkeit des Gemeldeten erhöhte Aufmerksamkeit zu widmen. Daß die Vereine den Bruch der Vertraulichkeit der Liste mit Vereinsstrafen zu verhindern suchen, ist oben[44] dargestellt, der Öffentlichkeit sind die Listen daher nicht zugänglich.

Die Annahme des OLG Köln, das Verhalten des beklagten Verbandes sei sittenwidrig, ist aus diesen Gründen kaum zu verstehen.

Es mußte deshalb überraschen, daß der BGH[45] das Urteil des OLG Köln bestätigte. In den Entscheidungsgründen weist der BGH den Kreditschutzgemeinschaften jedoch Wege, die einen sinnvollen Kreditschutzdienst weiterhin aufrechterhalten können.

Auch der BGH sah in der Veröffentlichung der Warnung einen widerrechtlichen und schuldhaften Eingriff in die gewerbliche Tätigkeit des Gemeldeten im Sinne des § 823 BGB[46].

Aus dem dem Urteil vorangestellten Leitsatz, nicht jedoch aus den Entscheidungsgründen ergibt sich, daß der BGH offenbar einen Unterschied macht zwischen der Mitteilung von Werturteilen über den Schuldner einerseits und Tatsachen auf der anderen Seite. Nur das mit der Mitteilung objektiv wahrer Tatsachen verbundene, durch diese Tatsachen aber nicht oder nicht ausreichend belegte Werturteil veranlaßt den BGH zur Bejahung des widerrechtlichen Eingriffs in den Gewerbebetrieb[47]. Das geht schon aus dem Hinweis auf das sogenannte „Constanze-Urteil“[48] hervor, das sich nur mit geschäftsschädigenden Werturteilen befaßt. Aber auch bei der reinen Tatsachenmitteilung hat nach Ansicht des BGH eine Interessenabwägung in der Weise zu geschehen, daß geprüft werden muß, ob das Geschäftsgebaren des Betroffenen eine allgemeine Gefahr für den Geschäftszweig und die beteiligten Firmen darstellt, so daß die Mitglieder von der Tatsache des Zahlungsrückstandes vertraulich in Kenntnis gesetzt werden müssen. Eine solche Veröffentlichung für den Kreis der beteiligten Firmen dürfe sich dann aber auch nicht auf eine allgemeine Charakterisierung beschränken, so fährt der BGH fort, es müßten vielmehr Einzelheiten der angestellten Prüfung über die näheren Umstände des Zahlungsverzuges mitgeteilt werden, so etwa Höhe des rückständigen Betrages, sein Verhältnis zum Gesamtumsatz des Schuldners, Dauer und Häufigkeit

[44] S. 60.

[45] BGHZ 8, 142.

[46] Es soll an dieser Stelle nicht untersucht werden, ob die einschränkende spätere Rechtsprechung des BGH zum Recht am eingerichteten und ausgeübten Gewerbebetrieb, bei der es auf die Betriebsbezogenheit des Eingriffs ankommt, heute zu einem gleichen Ergebnis führen müßte; vgl. BGHZ 29, 65; 41, 123.

[47] Lingenberg, Kreditschutzlisten als unzulässiger Eingriff, in NJW 1954, 450.

[48] BGHZ 3, 270.

des Verzuges und das Gewicht der vom Schuldner beigebrachten Gründe für die Nichtzahlung.

Daß ein Kreditschutzsystem bei einer solchen Fülle von Nachforschungen wertlos würde, weil diese nur bei erheblichem Zeit- und Kostenaufwand möglich wären, ist offensichtlich[49].

Eine Lösung des Problems könnte sich aus der Anwendung der Vorschrift des § 824 BGB, insbesondere dessen Absatz 2, ergeben. Es fällt auf, daß weder das OLG Köln noch der BGH diese naheliegende Vorschrift herangezogen haben.

Die Mitteilung einer wahren Tatsache kann für sich nicht kreditschädigend und damit auch nicht rechtswidrig sein, wenn nach § 824 Abs. 2 BGB beim Vorliegen eines berechtigten Interesses sogar unwahre Mitteilungen nicht zu einer Schadensersatzpflicht führen. Ganz sicher muß bei der Auslegung des Begriffs des berechtigten Interesses eine Interessenabwägung in der Weise vorgenommen werden, daß die Schutzwürdigkeit der Interessen des Gläubigers wie der des Schuldners einander gegenübergestellt werden. Auf das berechtigte Interesse des Mitteilenden oder des Mitteilungsempfängers, deren Position durch § 824 Abs. 2 BGB besonders geschützt wird, ist der BGH leider nicht eingegangen, obwohl er nach dem „Constanze-Urteil"[50] damals durchaus Veranlassung dazu gehabt hätte. Denn einmal hat er darin den Rechtfertigungsgrund des § 193 StGB über den Bereich der Ehrverletzungen hinaus als allgemeinen Rechtsgedanken auch bei der Prüfung der Widerrechtlichkeit gewerbestörender Werturteile für anwendbar gehalten. Zum anderen hat der BGH hervorgehoben, daß die fließende Grenze zwischen Tatsachenbehauptung und Werturteil zu Gunsten der Tatsachenbehauptung möglichst weit zu ziehen sei[51].

Bei Anwendung dieser Grundsätze enthält auch die Charakterisierung als „langsamer Zahler" im Wirtschaftsleben so viel Tatsächliches, daß von einem geschäftsschädigenden, in den Gewerbebetrieb eingreifenden Werturteil nicht mehr gesprochen werden kann, weil die Kreditschutzorganisationen dieses Tatbestandsmerkmal nur dann zur Meldung verwerten, wenn der Schuldner ein konkret vorgegebenes Zahlungsziel trotz mehrfacher Mahnungen überschritten hat. Aus dem Werturteil „langsamer Zahler" wird damit die Tatsachenbehauptung „überschreitet Zahlungsziele".

---

[49] Ähnliche Bedenken äußern Mückenberger, Kreditschutz — ein umstrittenes Problem, in WuW 1953, 331 und Lingenberg, Kreditschutzlisten als unzulässiger Eingriff, in NJW 1954, 451.

[50] BGHZ 3, 270.

[51] BGHZ 3, 270, 273.

Das BGH-Urteil vom 28. 11. 1952[52] bedeutet für die Praxis der Kreditschutzgemeinschaften, daß diesen grundsätzlich ein berechtigtes Interesse an der Durchführung von Kreditschutzmaßnahmen zugebilligt wird, und daß es ihnen freisteht, ihren Mitgliedern wahre Tatsachen auf Anfrage mitzuteilen. Bei der Mitteilung von Kreditschutzlisten haben sie darauf zu achten, daß der Empfänger nicht den Eindruck gewinnen darf, als werde über den Schuldner ein allgemeines Werturteil abgegeben[53]. Auch eine Pauschalcharakterisierung muß so viel Tatsächliches, so viel Nachprüfbares enthalten, daß der Eindruck einer Tatsachenbehauptung entsteht. Diese Forderung dürfte in der Praxis unschwer zu erfüllen sein, wenn die Mitglieder auf ein entsprechendes Meldeschlüssel-System verpflichtet werden. Der Kreditvolumenmeldedienst dürfte im Sinne dieser Grundsätze vollkommen bedenkenlos sein, weil in der Meldung von Schuldsalden und anderen Zahlen keinerlei Werturteil liegt.

Die für diese Arbeit untersuchten Kreditschutzorganisationen haben die Frage, ob das BGH-Urteil vom 28. 11. 1952 ihr Kreditschutzsystem beeinflußt habe, überwiegend verneint. Dabei wurde auch deutlich gemacht, daß das jeweils gehandhabte Verfahren von je her nicht mit den vom BGH aufgestellten Grundsätzen kollidiert sei. So gibt der „Kreditschutz des Hohlglas- und Keramik-Großhandels e. V." in Gütersloh für jedes Bundesland eine eigene Kreditschutzliste heraus. Die Mitgliedsfirmen erhalten die Listen nur für das Land, in dem sie ihren Absatz tätigen. Der vom BGH genannte Gesichtspunkt der „Schonlichkeit" dürfte damit gewahrt sein. Der „Südd. Gläubigerschutzverband vorm. Canstatter Schutzverein — gegründet 1880 e. V.", eine nicht branchengebundene Kreditschutzorganisation, veröffentlicht nur Namen, bei denen der Schuldner den Offenbarungseid geleistet hat, Haftbefehl zur Erzwingung des Offenbarungseides vorliegt oder Konkurs eröffnet oder mangels Masse abgewiesen wurde. Es handelt sich also ausschließlich um Tatsachenmitteilungen.

Andere Kreditschutzorganisationen schützen sich dadurch, daß sie die Grundsätze des BGH ihren Listen voranstellen, um damit zum Ausdruck zu bringen, welchem Zweck die Listen dienen sollen. So heißt es auf dem Titelblatt der Kreditschutzlisten des „Kreditschutz der Schuhindustrie e. V." in Pirmasens:

„Die Kreditschutzliste wird nicht zum Zwecke der Ausschaltung oder Behinderung des Wettbewerbs herausgegeben. Es ist unsere Absicht, durch diese die Teilnehmer vor finanziellen Verlusten zu schützen. Die Meldungen geben nur objektive Tatbestände wieder, für deren Richtigkeit unsere Teilnehmer einstehen, ohne daß dadurch ein Werturteil über die gemeldeten

[52] BGHZ 8, 142.

[53] Ebeling, Die Zulässigkeit sog. Kreditschutzlisten, in WM 1956, 372.

Firmen gefällt wird. Die mitgeteilten Tatbestände sind daher für sich allein nicht geeignet, die Grundlage krediteinschränkender Maßnahmen gegenüber einem gemeldeten oder in der Liste aufgeführten Kunden zu bilden."

Nur ein Kreditschutzverband der Ernährungswirtschaft hat auf Befragen erklärt, das BGH-Urteil vom 28. 11. 1952 habe in der Tat insofern Auswirkungen auf das Meldesystem gehabt, als die Meldungen erst gebracht würden, wenn *mehrere* Versäumnisse des Schuldners der Geschäftsstelle vorlägen.

IV. Entwicklungstendenzen

Bei den branchengebundenen Kreditschutzorganisationen bestehen Bestrebungen zu Zusammenschlüssen auf überregionaler Basis und über den Bereich der Branchen hinaus zu gelangen, um auf diese Weise zu einem Erfahrungsaustausch und zur Förderung der Belange des Kreditschutzes zu kommen[54]. Hier seien die „Arbeitsgemeinschaft Kreditschutz e. V." in Stuttgart-Bad Canstatt und die Vereinigung „Deutscher Kreditschutzverband e. V." in Bonn genannt. Der Zweck der letzteren ergibt sich aus § 2 der Satzung, wo es in Absatz 1 heißt:

„Der Kreditschutzverband hat die Aufgabe, seine Mitglieder mit allen ihm geeignet erscheinenden Mitteln vor finanziellen Verlusten aus gewährten Krediten zu schützen. Zweck des Verbandes ist hierbei die Zusammenfassung und Ergänzung der Wirksamkeit der bestehenden Gläubigerschutzorganisationen der deutschen gewerblichen Wirtschaft und Herstellung der Gläubiger-Solidarität zur Verhütung von Insolvenzen und Verlusten aus Kreditmißbrauch, Besserung der Zahlungssitten, sowie die Förderung von Treu und Glauben im gewerblichen Geschäftsverkehr durch wirksamen, vorbeugenden Kreditschutz und Schaffung von Unterlagen, Unterrichtung der Mitglieder und der Organe von Gesetzgebung, Rechtsprechung und Verwaltung und der Öffentlichkeit."

Gemäß Absatz 2 soll dieser Zweck unter anderem erreicht werden durch Schaffung eines Zentral-Kreditregisters zur Sammlung aller Unterlagen über Kreditmißbrauch und wesentliche Verstöße gegen die Zahlungsmoral, durch Förderung aller Maßnahmen, die der Verbesserung des Gläubigerschutzes dienen, durch Zusammenarbeit mit den bestehenden Kreditschutzorganisationen und Ergänzung ihrer Tätigkeit sowie durch „Förderung aller Belange des Kreditschutzes in Wort und Schrift gegenüber den Gerichten und bei den Parlamenten".

Wenn es auch den Anschein hat, als sei es mit dieser angestrebten Zusammenarbeit noch nicht sehr weit gediehen, schon weil es mehrere dieser Zentralvereinigungen gibt, so wäre ein organisierter Zusammenschluß der Kreditschutzgemeinschaften durchaus zu begrüßen. Auf

[54] Vgl. oben S. 47.

diese Weise könnte erreicht werden, daß die verschiedenen Vereinigungen sich einer im wesentlichen gleichen Verfahrensweise bedienen. Diese würde nicht nur zu einer Stärkung des vorbeugenden Kreditschutzes für die Gläubiger führen, sondern könnte gleichzeitig dazu dienen, Schuldner vor vermeidbaren Beeinträchtigungen zu schützen, nämlich dann, wenn Meldesystem und Art der Mitteilung nicht mehr von der einzelnen Vereinigung bestimmt wird, vielmehr auf dem Erfahrungsaustausch aller Kreditschutzorganisationen beruht.

Es liegt in der Natur der Sache, daß sich Zahlenangaben über den Umfang der Tätigkeit der Kreditschutzgemeinschaften kaum nennen lassen. Auch die wenigen vorhandenen Zahlen sind nicht sehr aussagefähig, wenn auch zum Teil recht imponierend, weil der erhebliche organisatorische Aufwand reiner Selbsthilfeorganisationen der Wirtschaft zum Zwecke des Kreditschutzes aus ihnen deutlich wird. So erteilte der Creditoren-Verein Pforzheim seinen 1 054 Mitgliedern im Jahre 1968 12 749 Auskünfte.

Die branchengebundenen Kreditschutzorganisationen haben sich in nunmehr mehr als 100 Jahren einen festen Platz auf dem Sektor des Kreditschutzes der gewerblichen Wirtschaft sichern können. Ihre Stärke liegt darin, daß sie zu sehr zuverlässigen und preiswerten Informationen in der Lage sind und ihre Mitglieder dadurch vor Verlusten aus der Warenkreditgewährung bewahren können. Da finanzielle Zusammenbrüche nur in Ausnahmefällen „aus heiterem Himmel" kommen, sich vielmehr regelmäßig durch Verzug in den Zahlungsverpflichtungen anzukündigen pflegen, können die Kreditschutzvereinigungen ihre Mitglieder meist rechtzeitig vor diesen Schuldnern warnen und sie zu erhöhter Vorsicht in der Kreditgewährung veranlassen. Daneben können sie durchaus regulierend für den Warenkreditverkehr wirken, indem sie betrügerische und faule „Dauerschuldner" auszumerzen pflegen. Vielfach genügt bereits die Kenntnis des Schuldners von einer Kreditschutzvereinigung in seiner Branche, ihn zur Erfüllung seiner Verpflichtungen zu bewegen.

V. Ähnliche Organisationsformen

Die überzeugenden Vorteile der Kreditschutzorganisationen haben auch andere Bereiche der Wirtschaft dazu veranlaßt, ähnliche Selbsthilfeeinrichtungen zum Zwecke des präventiven Kreditschutzes zu schaffen oder doch zu planen.

1. „Schwarze Liste" der Bankenverbände

Mittels einer „schwarzen Liste" werden allen dem „Verband des Berliner Bankgewerbes e. V." angehörenden Kreditinstituten die Namen derjenigen Bankkunden gemeldet, denen von einem der Mitglieder die Kontenverbindung wegen ungedeckt gebliebener Schecks gekündigt wurde. Damit soll ein „Wandern" des gemeldeten Kunden von Bank zu Bank verhindert werden, eine Maßnahme, die in einer Zeit des sich immer stärker ausbreitenden Scheckverkehrs sicher notwendig ist. Rechtliche Bedenken dürften diesem Verfahren nicht entgegenstehen, da hier nur Tatsachen gemeldet werden und den beteiligten Banken ein berechtigtes Interesse an dieser Tatsachenmitteilung zugestanden werden muß. Hinsichtlich der Wahrung des Bankgeheimnisses[55] haben sich die Banken dadurch geschützt, daß sie sich in Nr. 7 der „Bedingungen für den Scheckverkehr" die Mitteilung der Nichteinlösung ungedeckter Schecks an eine „Kreditschutzgemeinschaft der Wirtschaft" vorbehalten haben.

2. Wechselprotestlisten

Ebensowenig bedenklich dürfte die Meldung von Wechselprotesten seitens der Banken sein[56]. Zu diesem Zwecke haben die beteiligten Institute eine „Arbeitsgemeinschaft des Bankgewerbes G.m.b.H." in Frankfurt gebildet. Diese Arbeitsgemeinschaft gibt Wechselprotestlisten heraus, die allwöchentlich erscheinen. Der Teil A der Listen enthält in alphabetischer Reihenfolge den Wohnort des Akzeptanten, seinen Namen, den Wechselbetrag sowie den Namen des jeweiligen Ausstellers. Die Liste Teil B enthält vierteljährlich zusammengefaßt sämtliche in Teil A im Berichtszeitraum gemeldeten Proteste in alphabetischer Reihenfolge des Namens des Akzeptanten sowie dessen Wohnort und die Nummer der Protestliste Teil A, in der der Protest gemeldet war.

Die Zusammenstellung der Listen erfolgt auf Grund von Teilnehmermeldungen, die Mitteilung erfolgt ausschließlich zu deren eigener Benutzung vertraulich und unverbindlich. Die Arbeitsgemeinschaft erbittet ausdrücklich Meldungen der Teilnehmer, falls bezüglich einer Protestmeldung ein Irrtum vermutet oder ein Zusatz oder eine Streichung veranlaßt werden sollen. Den Zweck der Liste läßt die Arbeitsgemeinschaft aus folgendem Hinweis deutlich werden, den sie jeder Liste voranstellt:

---

[55] Vgl. dazu im einzelnen Sichtermann, Bankgeheimnis und Bankauskunft, S. 25: ders., Das Bankgeheimnis, S. 9 ff.

[56] Schütz, Bankgeschäftliches Formularbuch, S. 214.

„Die Liste gibt nur Fälle bekannt, in denen tatsächlich ein Wechsel protestiert worden ist, ohne Rücksicht darauf, ob den Gemeldeten ein Verschulden trifft oder nicht. Schlüsse auf die mangelnde Kreditwürdigkeit der in der Liste genannten Personen lassen sich daher allein aus der Nennung nicht ziehen."

Dieser Hinweis soll gleichzeitig mögliche Schadensersatzansprüche der Gemeldeten verhindern. Die Arbeitsgemeinschaft ist bemüht, nichts über ihre Existenz und ihre Tätigkeit an die Öffentlichkeit dringen zu lassen. So blieben Anfragen des Verfassers in Frankfurt unbeantwortet, ebenso waren Bemühungen erfolglos, über eines der Mitglieder der Arbeitsgemeinschaft zu Auskünften über die Grundlagen des Meldeverfahrens zu gelangen.

Soweit dem Verfasser bekannt ist, findet man in der Rechtsprechung nur in dem Urteil des BGH vom 5. 12. 1960[57] gleichsam am Rande einen Hinweis darauf, daß es für Wechselproteste „schwarze Listen" gebe, wenn dort nämlich gesagt wird, daß Banken nicht als Erfüllungsgehilfen des Gläubigers handeln, wenn sie nach der Protestierung eines Wechsels die Eintragung des Protestaten in eine schwarze Liste veranlaßten[58].

VI. Die Funktionsfähigkeit der Kreditschutzorganisationen

Zum Beweis für die Zuverlässigkeit und Schlagkraft der Kreditschutzsysteme mag eine rein zufällige Beobachtung des Verfassers bei der Auswertung des dieser Untersuchung zu Grunde liegenden Tatsachenmaterials dienen. Die Durchsicht einer Kreditschutzliste einer Vereinigung der Ernährungswirtschaft aus dem Januar 1965 zeigte, daß die ersten vier Schuldner wegen protestierter Wechsel verzeichnet waren. Ein Einblick in die Wechselprotestliste Teil A Nr. 1 vom 4. 1. 1965 ergab, daß alle vier Schuldner auch in dieser Liste geführt wurden, wobei die Schlüsselzahlen für die Höhe der Schuld in der Kreditschutzliste mit der Höhe der Wechselschuld ebenfalls übereinstimmten. Hier haben also die Wechselaussteller die Proteste ihrer branchengebundenen Kreditschutzgemeinschaft mitgeteilt, während die an dem Wechseleinzugsverfahren beteiligten Banken ihrerseits eine Meldung an die Arbeitsgemeinschaft des Bankgewerbes erstattet haben. Weitere Stichproben bestätigten diese Übereinstimmung zweier verschiedener Kreditschutzsysteme unabhängig voneinander arbeitender Kreditschutzorganisationen.

---

[57] WM 1961, 242.
[58] WM 1961, 243.

Eine ähnliche Übereinstimmung konnte bei Durchsicht der Kreditschutzlisten zweier verschiedener branchengebundener Kreditschutzgemeinschaften festgestellt werden. Der „Kreditschutz der Schuhindustrie e. V." in Pirmasens meldete in seiner Liste vom November 1968, der „Kreditschutz des Hohlglas- und Keramik-Großhandels e. V." in Gütersloh in der vom Dezember 1968 den gleichen Schuldner, gegen den von Mitgliedern beider Vereine Zahlungsbefehle beantragt worden waren. Da der Schuldner eine „Boutique" betrieb, konnte er auch Abnehmer von Firmen beider Branchen sein.

Auch in anderen Bereichen der Wirtschaft — über die Kreditgewährung hinaus — wird die Schaffung von Schutzeinrichtungen ähnlicher Art erwogen. Nachdem es an einigen deutschen Wertpapierbörsen seitens der nichtamtlichen Makler verschiedentlich zu Fehlspekulationen in einem Umfange gekommen war, der die von jedem Makler zu hinterlegende Kaution erheblich überschritt[59], erwägt man nach einem Bericht des Präsidenten der Berliner Börse die Einrichtung einer Evidenzzentrale, der eine Übersicht über die Engagements der Makler zur Verfügung stehen müßte. Die Verantwortlichen hätten dann mit Hilfe dieser Kontrolleinrichtung einen Überblick, um die Grenze zu bestimmen, von der ab weitere Engagements nicht mehr zugelassen wären[60].

§ 5 Die Schutzgemeinschaft für allgemeine Kreditsicherung

Als eine Kreditschutzvereinigung besonderer Art ist die Schufa, die Schutzgemeinschaft für allgemeine Kreditsicherung, anzusehen. Einerseits hat sie eine ähnliche Aufgabenstellung und Ausgestaltung wie die Auskunfteien, andererseits hat sie als Evidenzzentrale[1] Ähnlichkeit mit den branchengebundenen Kreditschutzorganisationen, da die Schufa auf die Mitarbeit, d. h. Meldungen ihrer Anschlußfirmen angewiesen ist.

Die Schufa wurde im Jahre 1927 in Berlin gegründet. Hinsichtlich des Gründungszeitpunkts läßt sich eine gewisse Übereinstimmung mit den Gründungsdaten anderer Kreditschutzorganisationen insofern feststellen, als auch zu dieser Zeit eine Notwendigkeit zur Schaffung einer

[59] Vgl. Der Spiegel Nr. 50 vom 9. 12. 1968, S. 76.

[60] Fuhrmann, Die Börse und die Spekulation, in Der Tagesspiegel Nr. 7086 vom 1. 1. 1969, S. 12.

[1] Nach der Definition des dtv-Lexikons, Band 5, 1967, eine „Sammelstelle zur Überwachung der Kreditwirtschaft".

Kreditschutzzentrale bestand: Erst Mitte der 20er Jahre konnten in Deutschland die wirtschaftlichen Folgen des ersten Weltkrieges langsam überwunden werden, es traten geordnete Währungsverhältnisse ein. Der erhebliche Nachholbedarf weiter Teile der Bevölkerung an Wirtschaftsgütern aller Art konnte überwiegend nur durch Inanspruchnahme von Krediten gedeckt werden. Diesen Kreditbedarf konnte der Einzelhandel nicht mehr decken. So kam es zur Gründung zahlreicher Teilzahlungsbanken, deren Aufgabe vorzugsweise darin bestand, durch Hingabe von Teilzahlungskrediten zur Absatzfinanzierung und damit zur Absatzbelebung beizutragen.

Die Sicherung dieser Teilzahlungskredite stellte die beteiligten Institute vor neue, bis dahin unbekannte Probleme. Der Kreis der Kreditnehmer bestand überwiegend aus Arbeitern, Angestellten und Beamten, also aus Verbrauchern. Die Auskunfteien waren nicht in der Lage, preiswerte und zuverlässige Auskünfte über diesen Personenkreis zu erstellen, da sich ihr Auskunftsmaterial in der Mehrzahl auf Firmen und Gewerbetreibende erstreckte. Die branchengebundenen Kreditschutzorganisationen befaßten sich fast ausschließlich mit dem Warenkreditverkehr, also nicht mit dem Endverbraucher. Sicherheiten im klassischen, banküblichen Sinne konnte diese Gruppe von Kreditnehmern nicht stellen, sie unterlagen andererseits besonders leicht der Versuchung, sich höher zu verschulden, als die wirtschaftlichen Verhältnisse es erlaubten.

Es galt also, einen Kreditschutz auf Gegenseitigkeit zu schaffen, in dem alle verfügbaren Kreditinformationen in einem Archiv gesammelt werden mußten. Neben der Verwertung allgemein zugänglicher Auskunftsmittel — Schuldnerverzeichnisse der Amtsgerichte, Konkursgerichte, öffentlich-rechtliche Register — sollten die Kreditgeber daran mitwirken, indem sie alle von ihnen gewährten Kredite sowie die mit den Kreditnehmern gemachten Erfahrungen meldeten, während sie gleichzeitig berechtigt waren, die Meldungen und Erfahrungen der anderen Beteiligten mitgeteilt zu bekommen.

I. Die Gründung und Entwicklung der Schufa

So wurde 1927 unter der Kurzbezeichnung Schufa eine Gesellschaft bürgerlichen Rechts mit dem Namen „Schutzgemeinschaft für Absatzfinanzierung und Kreditsicherung" gegründet; es ist nicht überraschend, zu erfahren, daß zu den Gründungsgesellschaftern die Berliner Kraft und Licht (BEWAG) Aktiengesellschaft, ein kommunales Stromversorgungsunternehmen, gehörte. Die BEWAG hatte nämlich damit begonnen, Elektrogeräte auf Teilzahlungsbasis zu finanzieren, um den Stromabsatz zu erhöhen[2]. Sie mußte daher gerade als Branchenfremde dem Kreditrisiko begegnen. Insbesondere im Nichtbankenbereich zeigt sich der wunde Punkt jeder Teilzahlungsfinanzierung: Der Kreditgeber weiß nicht, bei wem und in welcher Höhe der Kreditnehmer sich anderweits verschuldet.

1933 änderte die Gesellschaft ihren Namen in „Schutzgemeinschaft für allgemeine Kreditsicherung“, der bis heute beibehalten wurde. Später folgte auch ein Wechsel in die Gesellschaftsform der G.m.b.H.

Der große Erfolg der Berliner Schufa — im Jahre 1934 wurden bei einem Karteikartenbestand von 2,5 Millionen 465 000 Auskünfte gegeben[3] — führte sehr bald zur Gründung weiterer Schufa-Gesellschaften im Deutschen Reich. Bereits im Jahre 1930 oder 1931 schlossen sich die einzelnen Gesellschaften zu einer Reichs-Schufa, einem nicht eingetragenen Verein zusammen, um einen Erfahrungsaustausch zu ermöglichen und den organisatorischen Zusammenhalt zu gewährleisten[4].

Heute gehören der 1952 gegründeten Bundes-Schufa, der „Vereinigung der Deutschen Schutzgemeinschaft für allgemeine Kreditsicherung e. V.“ in Wiesbaden 13 Schufa-Gesellschaften an, die ausnahmslos in der Rechtsform der G.m.b.H. betrieben werden. Von diesen Gesellschaften werden insgesamt 34 Geschäftsstellen unterhalten.

Zu den Aufgaben der Bundes-Schufa gehört einmal die Wahrung, Vertretung, Förderung und Schutz der gemeinsamen Interessen der Mitglieder, zum anderen die Koordinierung der Aufgaben und Arbeitsweise der Mitglieder mit dem Ziel, das von diesen durchzuführende Nachrichten-Clearing zu ermöglichen und zu vervollständigen.

Zu den Organen des Vereins gehören neben dem Vorstand und der Mitgliederversammlung ein Beirat, dem neben je einem Delegierten der 13 Schufa-Gesellschaften noch jeweils ein Vertreter der folgenden Wirtschaftsverbände angehört:

Bundesverband des Deutschen Versandhandels e. V.
Bundesverband Deutscher Banken e. V.
Deutscher Genossenschaftsverband (Schulze-Delitzsch) e. V.
Deutscher Raiffaisenverband e. V.
Deutscher Sparkassen- und Giroverband e. V.
Hauptgemeinschaft des Deutschen Einzelhandels e. V.
Wirtschaftsverband Teilzahlungsbanken e. V.[5]

---

[2] Schmidt-Wegenast, Schufa: 40 Jahre Kredit mit Netz, in TeilzW 1967, 40; 40 Jahre Schufa 1927—1967, S. 2.

[3] 40 Jahre Schufa 1927—1967, S. 3.

[4] Schmidt-Wegenast, Schufa: 40 Jahre Kredit mit Netz, in TeilzW 1967, 43; 40 Jahre Schufa 1927—1967, S. 4.

[5] van Hooven, Aufgaben und Organisation der Schufa, in BankBetr. 1965, 149.

Damit ist sichergestellt, daß den Interessen der Anschlußfirmen (durch ihre Verbände) im Rahmen der Bundes-Schufa Rechnung getragen wird.

Die enge Verzahnung der Schufa-Gesellschaften mit der Bundes-Schufa führt dazu, daß alle Geschäftsstellen der Schufa nach einheitlichen „Richtlinien für die Organisation der Schufa“ arbeiten, daß einheitliche Anschlußverträge mit den Anschlußfirmen bestehen und daß von den 13 Schufa-Gesellschaften der „Muster-GmbH-Vertrag für Schufa-Gesellschaften“ verwendet wird[6].

II. Die Aufgaben der Schufa

Aufgaben und Zweck der Schufa ergeben sich aus § 2 der Schufa-Satzung[7]:

„Der Zweck der Schufa-Gesellschaft besteht zur Wahrung von Treu und Glauben

1. im Schutz der Anschlußfirmen vor Verlusten im Kreditgeschäft und in anderen Arten von Bankgeschäften;
2. im Schutz der Kreditnehmer vor einer übermäßigen Verschuldung.

Die Schufa arbeitet auf der Grundlage des Clearing-Verfahrens. Sie erfüllt ihre Aufgabe dadurch, daß sie unter Mitwirkung von Anschlußfirmen und unter Auswertung von Verzeichnissen und anderen Auskunftsquellen Nachrichtenmaterial über aufgenommene Kredite und deren Abwicklung sowie über andere für die Beurteilung der Kredit- und Zahlungsfähigkeit wichtige Umstände zusammenstellt. Das Schufa-Material steht nur den eigenen Anschlußfirmen, den Schwester-Schufastellen und deren Anschlußfirmen auf der Grundlage der Gegenseitigkeit in Form der verschiedenen Auskunftsarten zur Verfügung.“

III. Die technische Abwicklung des Auskunftsverkehrs

Am Auskunftsverfahren der Schufa können nur sogenannte „Anschlußfirmen“ teilnehmen. Als solche kommen neben Kreditinstituten gemäß § 1 KWG und deren Zweigstellen auch Einzelhandelsunternehmen (einschließlich Kaufhäuser und Versandgeschäfte), Versicherungs- und Versorgungsunternehmen, Handwerker, Produktions- und Dienstleistungsunternehmen in Betracht, soweit sie ihre Waren und Dienstleistungen an Letztverbraucher auf Teilzahlung abgeben (Anschlußgruppe A). Auch die Anschlußgruppe B umfaßt Handwerker, Produktions- und Dienstleistungsunternehmen, die ihre Leistungen jedoch

---

[6] van Hooven, Aufgaben und Organisation der Schufa, in BankBetr. 1965, 145.

[7] Zitiert nach der Satzung der Schufa Hannover.

nicht kreditieren, ferner Angehörige freier Berufe, Wohnungsunternehmen sowie Haus- und Grundbesitzervereinigungen[8]. Anschlußfirmen der Anschlußgruppe A nehmen ohne Beschränkungen am Schufa-Verkehr teil, die der Gruppe B erhalten nur schriftliche Auskünfte mit gewissen Einschränkungen.

1. Das Meldeverfahren

Die Anschlußverträge der Gruppe A, durch die Dauerschuldverhältnisse begründet werden, in deren Rahmen die Parteien jeweils Werkverträge über die Erteilung einzelner Auskünfte abschließen, verpflichten die Anschlußfirmen nach Maßgabe der den Verträgen zugrundeliegenden Grundsätze über die „technische Abwicklung des Auskunftsverkehrs mit der Schufa" unter anderem zu folgenden Meldungen:

1. Meldung aller gewährten Einzelkredite bis zur Höhe von DM 20 000,—;
2. unverzügliche schriftliche Meldung aller nach erfolgter Anfrage abgelehnten oder nicht in Anspruch genommenen Kredite;
3. Meldung aller Vorgänge über die vom Vertrag abweichende Abwicklung der Schuldverhältnisse einschließlich ihrer Erledigung, insbesondere ihrer vorzeitigen Tilgung.

Ausdrücklich untersagt ist die Einholung von Auskünften zu Zwekken der einseitigen Einleitung von Geschäftsbeziehungen, insbesondere zur Erlangung eines Konkurrenzvorteils.

Ein Verstoß gegen diese Vertragsbedingung berechtigt die Schufa zur fristlosen Kündigung des Anschlußvertrages. Eine Haftung seitens der Schufa für die Richtigkeit und die Vollständigkeit ihrer Auskünfte und Meldungen ist nach den Vertragsbedingungen „soweit gesetzlich zulässig" ausgeschlossen.

Um ihren Aufgaben gerecht zu werden, unterhält die Schufa Personenkarteien, in denen sie für die Kreditbeurteilung wesentliches Material aus ihr zugänglichen Auskunftsquellen sammelt, daneben alle ihr von den Anschlußfirmen mitgeteilten Meldungen. Schließlich stützen sich die Schufa-Archive auf die Ermittlungen eigener Rechercheure.

Dieses Archivmaterial stellt die Schufa ihren Anschlußfirmen auf deren Wunsch schriftlich, telefonisch, telefonisch mit schriftlicher Bestätigung oder fernschriftlich zur Verfügung. Dabei können die Anschlußfirmen auch Anfragen an andere Schufa-Gesellschaften richten, ein Vorteil, der insbesondere Kreditgebern mit regional nicht abgegrenztem Abnehmerkreis zu Gute kommt.

---

[8] van Hooven, Aufgaben und Organisation der Schufa, in BankBetr. 1965, 147; über die Anzahl der Anschlußfirmen vgl. S. 79.

2. Der Auskunftsverkehr

Für den gesamten Auskunftsverkehr der Schufa wird ein einheitlicher Auskunftsschlüssel verwandt. Er sei im folgenden vollständig mitgeteilt, weil aus ihm die Vielzahl der Merkmale deutlich wird:

Bü	— Bürgschaft für einen anderen Kreditnehmer übernommen
E	— Entmündigt durch Gerichtsbeschluß
G	— Gerichtliches Vergleichsverfahren
Gü	— Gütertrennung
H	— Erlaß eines Haftbefehls zur Erzwingung des Offenbarungseides
Ka	— Konkurseröffnung mangels Masse abgelehnt
KK	— Keine Karteikarte vorhanden; der Angefragte wird noch nicht im Schufa-Archiv geführt
Kü	— Kündigung des Restschuldbetrages eines Kredites wegen Nichteinhaltung der Ratenzahlungen
Lz	— Lohnabzug; Offenlegung einer vertraglich vereinbarten Lohnabtretung
Lpf	— Lohnpfändung auf Grund gerichtlichen Pfändungs- und Überweisungsbeschlusses
NNB	— Nur Name bekannt, d. h. im Schufa-Archiv ist eine Karte ohne negativen Inhalt aus dem Meldezeitraum vorhanden
NNE	— Bei der Überprüfung am Wohnort nichts Nachteiliges ermittelt
OE	— Offenbarungseid geleistet
Pr	— Wechselprotest
R	— Letzte außergerichtliche Mahnung
Rb	— Rückbelastung an den Händler wegen Nichteinhaltung der Ratenzahlungen
Rw	— Rückwechsel; Nichteinlösung eines fälligen Wechsels, bei dem auf den Protest verzichtet war
S	— Scheckrückgabe, da keine Deckung vorhanden war
SK	— Scheckkartenmißbrauch (liegt bei *berechtigten* Scheckkarteninhabern vor, wenn sie gegen die Bedingungen verstoßen haben und das Institut die Scheckkarte zurückfordert)
§ SK	— Scheckkartenbetrug (liegt bei *unberechtigten* Scheckkarteninhabern vor, wenn sie verlorene, gestohlene oder gefälschte Scheckkarten und Scheckbücher verwenden)
Sch	— Entziehung der Schlüsselgewalt
Su	— Suchkarte wegen Hinterlassung von Schulden liegt vor
V	— Klage zur Eintreibung einer unbestrittenen Forderung
VB	— Vollstreckungsbefehl erlassen
ZB	— Zahlungsbefehl aus unbestrittener Forderung
./.	— Fruchtlos gepfändet
§	— Meldungen über Delikte und Schwindelmanöver oder dergleichen liegen vor

Der Auskunftsverkehr der Schufa geht in der Weise vor sich, daß der Kreditgeber vor Entscheidung über die Gewährung eines Konsumentenkredites bei der Schufa telefonisch, schriftlich (auf vorgeschriebenen Karteikartenformularen) oder fernschriftlich über die Person des Kreditnehmers (und gegebenenfalls des Bürgen) anfragt. Er erfährt dann Höhe, Laufzeit und Beginn der Rückzahlung etwa bestehender Kredite, die in der Vergangenheit ordnungsgemäß abgewickelt wurden oder von denen — falls sie noch laufen — Nachteiliges in der Abwicklung nicht bekannt ist. Der Name des anderen Kreditgebers wird nicht genannt. Aus diesen Angaben kann der Anfragende einen Überblick über die Höhe der anderweitigen Verschuldung und über die Zahlungsmoral gewinnen, denn gleichzeitig werden dem Anfragenden auch die in dem obengenannten Auskunftsschlüssel enthaltenen Negativmerkmale wie Haftbefehle oder Offenbarungseide bekanntgegeben.

Die Anfrage verpflichtet die Anschlußfirma, ihre getroffene Kreditentscheidung, also auch Kreditablehnungen, der Schufa mitzuteilen, außerdem müssen Ratenlaufzeit und Rückzahlungsbeginn angegeben werden. Bei vertragsgemäßer Rückzahlung des Kredits braucht keine Meldung zu erfolgen, dagegen muß die vorzeitige Tilgung mitgeteilt werden. Schließlich muß die Anschlußfirma negative Merkmale in der Kreditabwicklung wie Klage, Zahlungsbefehl oder Lohnpfändung sowie deren spätere Erledigung der Schufa mitteilen.

Andererseits werden auch von seiten der Schufa Nachmeldungen an die Anschlußfirma während der Laufzeit eines Kredits immer dann erstattet, wenn der registrierte Schuldner an anderer Stelle eine neue Verbindlichkeit eingegangen ist, die eine bestimmte Höhe überschreitet, oder wenn Negativmerkmale bekannt werden. Gerade die Nachmeldungen dürften ein wesentliches Moment der Kreditsicherungsfunktion der Schufa sein, da der Kreditgeber hier rechtzeitig auf ein erhöhtes Risiko durch Eingehen zu hoher Verpflichtungen oder durch Verschlechterung der Bonität hingewiesen wird.

Alle Kredite, die der Schufa bekannt wurden, werden noch fünf Jahre nach Zahlung der letzten Rate gemeldet, alle Negativmerkmale werden nach drei Jahren im Schufa-Archiv gelöscht[9].

Da die Schufa bereits die erste Anfrage des Kreditgebers zum Zeitpunkt der Antragstellung registriert, ist sichergestellt, daß bei einer weiteren Kreditaufnahme bei einer anderen Anschlußfirma — oder dem Versuch dazu — dieser die erste Antragstellung bekannt wird, möglicherweise, noch bevor darüber eine Entscheidung getroffen wurde.

Schließlich sei noch auf einen weiteren Gesichtspunkt der Kreditwürdigkeitsprüfung hingewiesen: Eine Auskunft der Schufa wird er-

---

[9] Henke, Möglichkeiten der Kreditsicherung durch die Schufa, in TeilzW 1969, 40.

geben, ob der Kreditnehmer bei der Antragstellung die an ihn gerichteten Fragen über weitere Verpflichtungen oder Negativmerkmale wahrheitsgemäß beantwortet hat.

Neben den genannten Auskünften bietet die Schufa seit einigen Jahren einen Sonderdienst, der sie in die Nähe der traditionellen Betätigung der Auskunfteien rückt: Es handelt sich um ein Suchverfahren für die Schuldner, die sich ihrer Verpflichtungen durch Verschwinden zu entledigen versuchen. In diesem Falle übersendet die Anschlußfirma der örtlichen Schufa ein Formular mit allen Personalangaben des Schuldners in 35facher Ausfertigung. Diese Suchkarte wird in allen 34 Geschäftsstellen der Schufa in das Archiv eingestellt. Immerhin wurden auf diese Weise im Jahre 1968 4 348 Schuldner ermittelt[10].

Aus dem Meldeverfahren wird deutlich, daß die in der Satzung verankerte Aufgabenstellung, die „Kreditnehmer vor einer übermäßigen Verschuldung" zu bewahren, nicht nur ein idealistisches Postulat ist, sondern in der Ablehnung beantragter Kredite durchaus Wirklichkeit werden kann. Ob dies zum „Schutz der Kreditnehmer vor einer übermäßigen Verschuldung" oder nicht vielmehr zum Schutz der Anschlußfirmen vor Verlusten aus dem Kreditgeschäft geschieht, mag hier allerdings dahingestellt bleiben.

3. Der Grundsatz der Verschwiegenheit

Neben dem aus dem Meldeverfahren deutlich werdenden Grundsatz der Gegenseitigkeit und dem sich aus den Anschlußverträgen mit dem Verbot der Zweckentfremdung des Schufa-Materials ergebenden Neutralitätsgebot arbeitet die Schufa unter dem Grundsatz der Verschwiegenheit. Die Anfragenden melden sich bei telefonischen Auskünften stets unter einer zwischen ihnen und der Schufa vereinbarten Kennziffer. Damit soll sicher gestellt werden, daß Auskünfte nicht an Unbefugte erteilt werden. Den Anschlußfirmen ist die Weitergabe des Schufa-Materials nicht gestattet.

Eine Ausnahme erfährt diese Verschwiegenheitspflicht für den Fall, daß zwischen den Angaben der Schufa und denen des Kreditnehmers Differenzen bestehen. Nun ist es den Anschlußfirmen gestattet, auf die abweichende Schufa-Auskunft hinzuweisen. Bei Fortbestehen der Widersprüche muß eine Abstimmung mit der Geschäftsleitung der Schufa erfolgen.

Den Bedenken, die sich bei der Meldung an die Schufa hinsichtlich der Durchbrechnug des Bankgeheimnisses ergeben, haben die Kredit-

---

[10] Geschäftsbericht der Bundes-Schufa 1968, S. 13.

institute — und nur für diese können die Bedenken praktisch werden — dadurch Rechnung getragen, daß sie in den formularmäßigen Kreditverträgen die Freistellung vom Bankgeheimnis vereinbaren. So heißt es in Nr. 10 der „Bedingungen für die Gewährung eines Kleinkredits" bei der Sparkasse der Stadt Berlin West: „Die Sparkasse ist berechtigt, einer Kreditschutzvereinigung über die Kreditgewährung Auskunft zu erteilen."

Soweit eine solche Vereinbarung nicht ausdrücklich getroffen worden ist, dürfte eine Meldung an die Schufa wegen Verletzung des Bankgeheimnisses nicht erfolgen. Darauf weisen die Spitzenverbände des Kreditgewerbes ihre Mitglieder auch hin[11]. In letzter Zeit scheint sich die Tendenz zu verstärken, eine solche Freistellungsklausel schon bei Eröffnung von Lohn- und Gehaltskonten zu vereinbaren, da auf diesen Konten gewährte Überziehungskredite die Ratenkredite immer stärker in den Hintergrund drängen.

IV. Die wirtschaftliche Bedeutung der Schufa

Die Schufa hat sich auf dem Sektor des Konsumentenkredits zur einzig wirksamen Kreditschutzorganisation entwickelt. Das Meldesystem wird allen Anforderungen auf diesem Gebiet der Kreditgewährung gerecht. Die Wirksamkeit wird in dem Maße weiter wachsen, in dem sich die Kreditgeber zum Anschluß an die Schufa entschließen, da damit dem Grundsatz der Gegenseitigkeit gedient ist. Aus dem Geschäftsbericht 1968 der Bundes-Schufa ergibt sich, daß am 31. 12. 1968 insgesamt 13 699 Anschlußfirmen mit den Schufa-Gesellschaften arbeiteten[12]. Eine Aufschlüsselung in Kreditinstitute und Nichtbanken ergibt für die 713 Anschlußfirmen der Schufa Berlin zum Jahresende 1967 folgendes Bild[13]:

Kreditinstitute	38	Textilien	40
Radio, Elektro	199	Fotoartikel	13
Möbel	152	Versicherungen	13
Kraftfahrzeuge	92	Nähmaschinen	11
Teppiche, Tapeten	86	sonstige Branchen	69

Daraus wird deutlich, daß ein ganz erheblicher Teil der Kreditgeber im Konsumentenkreditgeschäft der Schufa angeschlossen ist.

Im Jahre 1968 erteilten die Schufa-Gesellschaften insgesamt mehr als 13 Millionen Auskünfte; 20 % der Auskünfte betrafen Nachmeldungen.

---

[11] Vgl. Deutscher Sparkassen- und Giroverband e. V., Rundschreiben Nr. 101 vom 4. 7. 1967, S. 4.

[12] Geschäftsbericht der Bundes-Schufa 1968, S. 13.

[13] 40 Jahre Schufa 1927—1967, S. 7.

Sie konnten sich dabei auf einen Karteikartenbestand von mehr als 23,5 Millionen stützen[14].

Bei diesen günstigen Gegebenheiten — Mitarbeit der Anschlußfirmen, Rationalisierung, einfaches Verfahren — überrascht es nicht, daß die Gebühren für die Inanspruchnahme der Schufa äußerst niedrig liegen. Die Schufa Hannover berechnete im Jahre 1969 für eine schriftliche Auskunft DM —,86, für eine telefonische Auskunft DM —,77. Diese niedrigen Kosten belasten den Kreditgeber und damit seine Kalkulation nur geringfügig.

Schließlich darf nicht übersehen werden, daß wohl kaum ein Auskunftsverfahren denkbar ist, das zu so schneller Beantwortung der Anfragen in der Lage ist. Im Bereich aller Schufa-Gesellschaften wurden im Jahre 1968 fast 40 % aller Auskünfte telefonisch erteilt, sie standen dem Kreditgeber also schon im Zeitpunkt der Anfrage zur Verfügung[15]. In Berlin wurden 1967 sogar 78 % aller Auskünfte sofort, d. h. in unmittelbarer Beantwortung der Anfrage erteilt[16]. Hierbei wurde eine Fehlerquote von nur 0,5 % beobachtet.

Auch bei der Schufa wird angesichts der starken Steigerungsrate der Auskünfte die Möglichkeit des Einsatzes der elektronischen Datenverarbeitung erwogen[17]. Hier könnte eine weitere Beschleunigung des Auskunftsverkehrs ermöglicht werden, insbesondere dann, wenn sich die Datenfernverarbeitung stärker durchsetzt. So wie es heute möglich ist, von einer Zweigstelle des Kreditinstituts Anfragen oder Buchungen über direkte Leitungen mit der Zentrale — und damit der Datenverarbeitungsanlage — vorzunehmen, müßte ein System denkbar sein, eine Direktabfrage bei der Schufa zu erreichen. Darüber hinaus wäre sogar eine maschinengerechte Bereitstellung aller Nachmeldungen durch die Schufa denkbar, ein Gesichtspunkt, auf den insbesondere Kaminsky[18] hinweist.

Trotz eines Spareinlagenbestandes inländischer Privatpersonen in Höhe von DM 163 Milliarden im Oktober 1969[19] wird der Konsumentenkredit immer stärker zunehmen. So betrug die Verschuldung auf diesem Sektor im Dezember 1968 insgesamt DM 11,5 Milliarden[20]. Für diesen Kreditbereich wird die Schufa ihre führende Stellung behalten

[14] Geschäftsbericht der Bundes-Schufa 1968, S. 11.

[15] Geschäftsbericht der Bundes-Schufa 1968, S. 12.

[16] 40 Jahre Schufa 1927—1967, S. 6.

[17] Geschäftsbericht der Bundes-Schufa 1968, S. 17.

[18] Wie lange noch kann die Schufa ohne Datenverarbeitung bestehen?, in TeilzW 1968, 222.

[19] Quelle: Monatsberichte der Deutschen Bundesbank, Dezember 1969, S. 32.

[20] Quelle: Monatsberichte der Deutschen Bundesbank, März 1969, S. 23.

und ihre Kreditschutztätigkeit immer weiter ausdehnen können. Sie hat ein hohes Maß an Zuverlässigkeit erreicht und teilt ausschließlich objektive Tatsachen mit, so daß diesem System ein Vorwurf subjektiver Beurteilung nicht gemacht werden kann.

Hinzugerechnet werden muß noch die Verschuldung beim Handel, bei Versandhäusern und privaten Geldgebern. Im Vergleich insbesondere zu den USA muß die private Verschuldung in Deutschland als gering bezeichnet werden, und das, obwohl der Verbraucher durch Kreditinstitute und Wirtschaft zur Aufnahme von Krediten geradezu genötigt wird[21].

V. Die Kreditschutz-Vereinigung für Teilzahlungsfinanzierung GmbH

Die Beschränkung der Auskunftstätigkeit der Schufa auf Ratenkredite bis zur Höhe von DM 20 000,— erfolgte nicht willkürlich. Diese Grenze wurde unter Berücksichtigung der Bestimmung des § 18 KWG gezogen. Danach müssen Kreditinstitute von Kreditnehmern, denen Kredite von insgesamt mehr als DM 20 000,— gewährt werden, die Offenlegung ihrer wirtschaftlichen Verhältnisse, insbesondere die Vorlage von Jahresabschlüssen verlangen. Der ungesicherte Personalkredit ist damit grundsätzlich nicht zulässig.

Da Kredite dieser Größenordnung unter den Anschlußfirmen der Schufa nur von Kreditinstituten gewährt werden, diese aber durch § 18 KWG zur genauen Prüfung der Kreditwürdigkeit verpflichtet sind, entschloß man sich, mit Wirkung vom 30. 6. 1967 die Bearbeitung von Großkrediten über DM 20 000,— bei allen Schufa-Gesellschaften einzustellen. Für diesen Entschluß waren daneben noch Haftungsgründe und Gründe des Bankgeheimnisses angesichts der weiten Streuung der Schufa-Auskünfte maßgebend[22].

Seitdem hat die „Kreditschutz-Vereinigung für Teilzahlungsfinanzierung GmbH“ (KSV) in Wiesbaden die Aufgabe der Evidenzzentrale für Großkredite übernommen. Die KSV arbeitet nach dem gleichen Prinzip wie die Schufa, beide Gesellschaften arbeiten im übrigen eng zusammen.

Aus den obengenannten Gründen sowie aus dem Gesichtspunkt der Sicherheit können nur Kreditinstitute Anschlußfirmen der KSV sein. Die Entwicklung hat gezeigt, daß unter den Kreditinstituten keine große Bereitschaft besteht, Anschlußfirma der KSV zu werden. In der

---

[21] Kulins, Mehr Aktivität beim Konsumentenkredit, in Spark 1968, 352.

[22] Henke, Zusammenarbeit mit der Schufa, S. 104.

Mehrzahl sind es die Teilzahlungskreditinstitute, die sich zur Sicherung ihrer — überwiegend — Investitionskredite auf Ratenbasis der KSV angeschlossen haben. Die Großbanken wie auch die Sparkassen lehnen einen Anschluß an die KSV „sowohl aus geschäftspolitischen als auch aus wettbewerbspolitischen Überlegungen" ab[23].

Die Begrenzung der Tätigkeit für die Teilzahlungsbanken bedeutet in der Praxis, daß die KSV in ihrer Auskunftstätigkeit hinsichtlich der Großkredite auch nicht annähernd die Lückenlosigkeit und Zuverlässigkeit erreichen kann wie die Schufa es auf dem Sektor des Konsumentenkredites vermag. Andererseits kann die KSV-Auskunft angesichts des § 18 KWG, den auch Teilzahlungskreditinstitute zu beachten haben[24], keine allzu große Bedeutung für die Kreditentscheidung haben.

Wie aus einer Notiz in der „Teilzahlungswirtschaft"[25] hervorgeht, hat die KSV im Jahre 1968 fast 10 000 Auskünfte erteilt.

§ 6 Die Kreditversicherung

„Das ‚Platzen' eines Warenkredites ist ein versicherbares Risiko" — unter dieser Überschrift weist Edith Schmid[1] darauf hin, daß sich die Kreditversicherung dem Unternehmer als das Mittel anbietet, sich gegen unter Umständen die eigene Existenz gefährdende Insolvenzen des Warenkreditschuldners zu schützen — insbesondere deshalb, weil der Unternehmer im Gegensatz zu Banken außer der Vereinbarung eines Eigentumsvorbehaltes in der Regel keine Sicherheiten erhält.

I. Die Geschichte der Kreditversicherung

Die Geschichte der Kreditversicherung in Deutschland ist noch recht jung. Die erste Gründung erfolgte im Jahre 1917 mit der Hermes Kreditversicherungs-Aktiengesellschaft, Hamburg und Berlin, die jedoch erst nach dem Ende der Inflationsjahre mit dem systematischen Aufbau des Kreditversicherungsgeschäftes beginnen konnte[2]. Im Jahre 1954 nahm die Gerling-Konzern Speziale Kreditversicherungs-Aktien-

[23] Deutscher Sparkassen- und Giroverband e. V., Rundschreiben Nr. 101 vom 4. 7. 1967, S. 2.

[24] Vgl. § 1 Abs. 1 KWG.

[25] TeilzW 1969, 46.

[1] Blick durch die Wirtschaft, Nr. 98 vom 27. 4. 1967, S. 5.

[2] von Halem, Kreditversicherung, S. 20.

gesellschaft, Köln, ihre Tätigkeit auf. Es dauerte weitere zehn Jahre, bis im Jahre 1964 die Allgemeine Kreditversicherung Aktiengesellschaft in Mainz das Kreditversicherungsgeschäft aufnahm. Diese drei Gesellschaften sind in Deutschland die einzigen, die zum Betrieb aller Zweige der Kreditversicherung zugelassen sind. Daneben befassen sich weitere rund 20 Unternehmen mit einzelnen Bereichen der Kreditversicherung, nicht jedoch mit der hier allein interessierenden Warenkreditversicherung[3].

Das gesamte Prämienaufkommen *aller* Kreditversicherer betrug im Jahre 1966 bei 22 berichtenden Unternehmen DM 63,4 Millionen, im Jahre 1967 nur noch DM 53,9 Millionen; diese Zahl täuscht insofern, als für 1967 nur noch 13 Unternehmen berücksichtigt worden sind[4]. In Wirklichkeit dürften die Prämieneinnahmen erheblich gestiegen sein, allein beim Gerling-Konzern lagen sie im Geschäftsjahr 1967 um rund 7,2 % über denen des Jahres 1966[5]. Der Anteil der Kreditversicherungen an den gesamten Prämieneinnahmen der deutschen Privatversicherungen beträgt nur wenig mehr als 3 ‰[6]. Nach einer groben Schätzung Hentschels[7] dürften von dem etwa DM 10 Milliarden (im Februar 1966!) betragenden Gesamtvolumen der Teilzahlungskredite etwa 15 % durch eine Kreditversicherung abgedeckt sein. Damit spielt die Kreditversicherung nicht nur im Bereich der gesamten Versicherungswirtschaft eine verhältnismäßig bescheidene Rolle, auch im Bereich der Gesamtwirtschaft hat die Kreditversicherung als Kreditsicherungsmittel noch nicht den Platz erreicht, den sie anstrebt. Es hat jedoch den Anschein, als gäben die Gläubiger ihre Reserve den Kreditversicherungen gegenüber zunehmend auf, da sie erkannt haben, welche Rolle Kreditversicherungen insbesondere in Zeiten nachlassender Konjunktur spielen können, wenn nämlich Insolvenzen beim Abnehmer unheilvolle Auswirkungen auch bei sonst finanziell gefestigten Unternehmen hervorrufen können[8]. Dieser Zusammenhang zwischen Konjunktur und Kreditversicherung ergibt sich deutlich aus der Steigerung der Prämieneinnahmen beim Gerling-Konzern in den Jahren 1966 und 1967 um bis zu rund 27 %[9] bei gleichzeitigem Anstieg der Schadensquote auf

[3] Vgl. von Halem, Kreditversicherung, S. 21 ff.; Hentschel, Kreditversicherung und Kreditwirtschaft, in TeilzW 1966, 171.

[4] Statistisches Jahrbuch für die Bundesrepublik Deutschland 1969, S. 376.

[5] Geschäftsbericht 1967 der Gerling-Konzern Speziale Kreditversicherungs-AG, S. 4.

[6] Vgl. Hentschel, Kreditversicherung und Kreditwirtschaft, in TeilzW 1966, 170; Baehring, Die kommerzielle Kreditversicherung, in BankBetr. 1967, 80.

[7] Kreditversicherung und Kreditwirtschaft, in TeilzW 1966, 170.

[8] Greulich, Kreditversicherung und Konjunktur, in ZGesKredW 1967, 428; Wölbling, Hochkonjunktur der Kreditversicherung, in BB 67, 1398; Wölbling, Kreditversicherung — ins Licht gerückt, in ZGesKredW 1968, 23.

[9] In 1967 bei der Warenkreditversicherung, vgl. Geschäftsbericht 1967 der Gerling-Konzern Speziale Kreditversicherungs-AG, S. 5.

60,2 %[10]. Gleichsam zur Bestätigung dieser Ansicht mag die Beobachtung dienen, daß die Zahl der Veröffentlichungen, die sich mit der Kreditversicherung befassen, insbesondere um das Jahr 1967 herum geradezu explosionsartig angestiegen ist.

II. Die Geschäftszweige der Kreditversicherung

Die von den Kreditversicherungen betriebenen Geschäftszweige werden in fünf klassische Sparten eingeteilt[11]. Es sind dies:

1. die Warenkreditversicherung, die Forderungen aus Warenlieferungen an Händler oder Weiterverarbeiter zum Gegenstand hat;
2. die Teilzahlungskreditversicherung, bei der Forderungen aus Teilzahlungsgeschäften an Unternehmen oder Einzelpersonen, soweit sie Endverbraucher sind, abgedeckt sind;
3. die Ausfuhrkreditversicherung, die sich mit Forderungen aus Exportgeschäften an ausländische Schuldner befaßt. Versichert wird grundsätzlich nur das wirtschaftliche Risiko durch Zahlungsunfähigkeit des Käufers. Das politische Risiko kann mit Hilfe von Bürgschaften oder Garantien über die Hermes Kreditversicherungs-AG durch die Bundesrepublik Deutschland abgedeckt werden;
4. die Kautions-Versicherung als Bürgschaftsgeschäft in Konkurrenz zu Kreditinstituten. Hier bieten die Kreditversicherer die gesamte Palette des Aval-Kredites wie Bietungsbürgschaften, Ausfallbürgschaften, Mängelgewährleistungsbürgschaften oder Prozeßbürgschaften für vorläufig vollstreckbare Urteile an;
5. die Vertrauensschadenversicherung zum Ersatz von Vermögensschäden durch Vertrauenspersonen.

Hentschel[12] und von Halem[13] verwenden eine geringfügig veränderte systematische Einteilung in nur drei Gruppen, wobei die Teilzahlungs- und die Ausfuhrkreditversicherung als Untergruppen der Warenkreditversicherung angesehen werden. Wenn vorliegend die herkömmliche Einteilung in fünf Gruppen verwandt wird, so geschieht das aus dem Grunde, weil im Rahmen der Untersuchung nur die *reine* Warenkreditversicherung behandelt werden soll. Die Teilzahlungskreditversicherung soll nur am Rande Erwähnung finden, die Ausfuhrkreditver-

---

[10] Gegenüber beispielsweise 37 % in 1968, vgl. Geschäftsbericht 1968 der Gerling-Konzern Speziale Kreditversicherungs-AG, S. 5.

[11] Greulich, Wesen und Funktion der Kreditversicherung, in NZZ vom 15. 11. 1967, Blatt 15; Greulich, Die Kreditversicherung, S. 8.

[12] Kreditversicherung und Kreditwirtschaft, in TeilzW 1966, 171.

[13] Kreditversicherung, S. 32.

sicherung wird nicht als präventives Kreditsicherungsmittel im Rahmen dieser Arbeit behandelt werden.

III. Die Warenkreditversicherung

Die Warenkreditversicherung ersetzt, so § 1 der Allgemeinen Versicherungs-Bedingungen für die Warenkreditversicherung beim Gerling-Konzern[14], „dem Versicherungsnehmer den Ausfall an Forderungen aus Warenlieferungen, der dadurch entsteht, daß in die Versicherung eingeschlossene Kunden des Versicherungsnehmers während der Dauer der Versicherung zahlungsunfähig werden".

Die Sparte Warenkreditversicherung spielt im Gesamtrahmen aller Bereiche der Kreditversicherung eine sehr bedeutende Rolle. Nach einer dem Verfasser zugegangenen Mitteilung des Gerling-Konzerns dürften die Prämieneinnahmen der deutschen Warenkreditversicherer im Jahre 1968 allein im Inlandsgeschäft rund DM 25 bis 28 Millionen betragen haben. Auch heute noch liegt das Schwergewicht bei Versicherungsnehmern aus den Bereichen der Textil- und der eisen- und stahlherstellenden und verarbeitenden Industrie. Hier wird eine Ausweitung auch auf andere Sparten angestrebt. Der Gerling-Konzern ist zufolge der eben erwähnten Mitteilung in 52 verschiedenen Branchen als Kreditversicherer tätig.

In aller Regel wird der Versicherungsnehmer dem Kreditversicherer seine sämtlichen inländischen Abnehmer anzudienen haben. Dadurch soll verhindert werden, daß der Versicherungsnehmer von sich aus eine Auswahl trifft und nur die Risiken versichern läßt, die ihm selbst unsicher erscheinen. Kein Kreditversicherer könnte diese Risiken zu wirtschaftlich vernünftigen Prämien übernehmen.

1. Die Vertragsformen der Warenkreditversicherung

Für die Warenkreditversicherung bieten sich in der Hauptsache vier Vertragsformen an, wobei im folgenden von einem Grenzbetrag von DM 5 000,— ausgegangen werden soll, weil dieser den in der Warenkreditversicherung am häufigsten vorkommenden Vertrag bildet. Je nach Lage und Branche des Versicherungsnehmers und den Interessen beider Partner können auch andere Grenzbeträge gewählt werden, wobei diese jedoch nur sehr selten DM 3 000,— unterschreiten oder DM 10 000,— übersteigen.

[14] Den folgenden Erörterungen liegen die Allgemeinen Versicherungsbedingungen und die Besonderen Bedingungen zum Mantelvertrag der Gerling-Konzern Speziale Kreditversicherungs-AG zu Grunde; diese entsprechen denen der beiden anderen Gesellschaften.

1. Mantelpauschalverträge in Form der unbenannten Versicherung decken alle Abnehmer des Versicherungsnehmers ohne namentliche Nennung und ohne Kreditwürdigkeitsprüfung, die Kredite bis zur Höhe von DM 5 000,— in Anspruch nehmen. Diese Versicherung ist bei den Kreditversicherern zunehmend unbeliebt geworden, da das Risiko nicht überschaubar ist, andererseits eine Bonitätsprüfung nicht stattfinden kann, weil die Abnehmer nicht benannt sind.
2. Mantelpauschalverträge, die neben den unbenannten und ungeprüften Abnehmern auch diejenigen Abnehmer decken, die namentlich bekannt sind und geprüft werden und die ständig Kredite über DM 5 000,— in Anspruch nehmen. Diese Vertragsform eignet sich für die Versicherungsnehmer, bei denen die benannten Großkunden nur einen geringen Prozentsatz der gesamten Außenstände ausmachen.
3. Mantelverträge in Form der benannten Versicherung, bei denen alle Abnehmer mit ständigen Kreditlinien über DM 5 000,— namentlich benannt und vom Kreditversicherer einzeln geprüft werden.
4. Mantelverträge, bei denen nicht nur die Abnehmer der Gruppe 3 namentlich versichert sind, sondern gleichzeitig auch Kleinabnehmer mit Krediten bis zu DM 5 000,— ohne Einzelprüfung pauschal gedeckt werden. Diese Vertragsform ist für die Versicherungsnehmer gedacht, bei denen die pauschal versicherten Kleinkunden nur einen geringen Prozentsatz der Gesamtaußenstände bilden.

Gerade die Mischung verschiedener Vertragsformen, insbesondere durch die Gruppen 3 und 4, ermöglicht es dem Kreditversicherer, allen Wünschen der Versicherungsnehmer Rechnung zu tragen. Durch einen Mantelpauschalvertrag der Gruppe 2 kann auch den Bedürfnissen gerade der mittelständischen Industrie nach einer geeigneten Versicherungsform entsprochen werden.

Vor Abschluß eines Mantelvertrags nach der Vertragsform der Gruppe 3 überläßt der Warenkreditgläubiger dem Kreditversicherer eine Liste mit den Namen und den jeweiligen Außenstandssalden seiner Abnehmer. Ferner wird angegeben, wie hoch der Saldo des einzelnen Abnehmers werden soll[15].

In der Praxis geht ferner die Prüfung der Einzellimite der jeweiligen Abnehmer seitens der Kreditversicherung dem Vertragsabschluß voraus[16]. Diese Prüfung hat einen doppelten Zweck: Einmal erfährt der Vertragsinteressent, bis zu welchem Limit der Kreditversicherer den

---

[15] Vgl. Greulich, Die Kreditversicherung, S. 20.
[16] Greulich, Die Kreditversicherung, S. 21.

Kunden auf Grund seiner, in der Regel detaillierten Prüfung für „gut" hält, zum anderen erhält er Kenntnis davon, bis zu welchen Einzelbeträgen der Kreditversicherer seine Außenstände zu versichern bereit sein würde.

2. Die Kreditwürdigkeitsprüfung durch den Kreditversicherer

Diese Bonitätsprüfung bildet für den Kreditversicherer eines der größten Probleme. Jede allzu kleinliche Prüfung müßte dazu führen, daß der Versicherer nur zu oft die Übernahme von Risiken ablehnt, mit anderen Worten, daß der Versicherungsnehmer nur die unter allen Umständen als gesichert erscheinenden Forderungen versichert erhält. Die Kreditversicherung wäre als Kreditsicherungsmittel unbrauchbar. Andererseits würde eine großzügige, unter Umständen nachlässige Kreditwürdigkeitsprüfung dazu führen, daß die Schadensquote des Versicherungsunternehmens in unvertretbar hohem Maße ungünstig verläuft. Man kann geradezu von einem Rollentausch sprechen, in der Weise nämlich, daß der Kreditversicherer hinsichtlich der Bonitätsprüfung, also der Prüfung der Frage, welche Risiken und in welcher Höhe er sie übernehmen soll, selbst in die Nähe des Versicherungsnehmers gerät, weil nunmehr auch für ihn das Problem des präventiven Kreditschutzes akut wird.

a) Die Hilfsmittel für die Kreditwürdigkeitsprüfung

Die Bonitätsprüfung erfolgt nach streng bankwirtschaftlichen Gesichtspunkten. Die allgemein zugänglichen Auskunftsmittel, das sind in erster Linie die Berichte der Handelsauskunfteien, werden in den unteren Kreditbereichen verwandt, worunter der Gerling-Konzern Warenkredite bis DM 50 000,— versteht. Darüber hinaus versuchen die Kreditversicherer, Auskünfte vom Schuldner selbst zu erhalten. Hier wurde dem Verfasser die interessante Beobachtung mitgeteilt, daß man bei vielen Schuldnern eine zunehmende Auskunftsfreudigkeit und -bereitschaft feststellen könne. Nicht nur die Unternehmen, die auf Grund gesetzlicher Verpflichtung ohnehin publizitätspflichtig sind oder solche, die es nach Plänen des Gesetzgebers bei Erreichen bestimmter Größenmerkmale zukünftig werden sollen, sondern auch andere Firmen verlieren die Scheu, dem Kreditversicherer Zahlenmaterial zur Verfügung zu stellen — eine Scheu, wie sie gegenüber dem Lieferanten aus verschiedenen Gründen verständlich erscheinen mag.

Im übrigen folgt aus der eigenen Tätigkeit des Versicherers selbst eine ausgezeichnete Möglichkeit der Bonitätsprüfung. Nach einer Auskunft des Gerling-Konzerns ergibt sich durch die Gruppierung verschiedenartigster Lieferanten, welche selbst Versicherungsnehmer sind und aus unterschiedlichen Gründen denselben Abnehmer beliefern, allein durch die monatlichen Außenstandsmeldungen ein Bild über die Zahlungsweise und die Zahlungsmoral des betreffenden Risikos. Diese Evidenz spiele in der Beurteilung der Bonität eine ganz bedeutende Rolle. Hinzu kommt ein nicht unerheblicher Austausch von Informationen zwischen finanzkreditgewährenden Banken und Warenkreditversicherern. Es darf auch nicht übersehen werden, daß die übliche Organisation von Versicherungsgesellschaften mit ihrer großen Anzahl von auswärtigen Geschäftsstellen und Außendienstmitarbeitern die Bonitätsprüfung erleichtert.

Durch eine zuverlässige Bonitätskontrolle kommen diese Leistungen des Versicherers, für den er einen erheblichen Teil der Prämieneinnahmen verwenden muß[17], auch dem Versicherungsnehmer zu Gute; der Gläubiger kann ersehen, wie ein kritischer Dritter die Bonität seiner Abnehmer beurteilt — unabhängig davon, ob das Risiko nun versichert wird oder nicht. Der Aufwand für die Bonitätsprüfung wird naturgemäß in dem Augenblick — prozentual — geringer, wo mehrere Versicherungsnehmer einer Branche denselben Abnehmer beliefern, dieser Abnehmer also in mehreren Außenstandslisten als Schuldner erscheint und nur einmal geprüft werden muß.

b) Das Problem der Kumulation

Die Versicherung mehrerer Lieferanten gegen Forderungsausfall gegenüber demselben Abnehmer bringt dem Kreditversicherer andererseits das schwer zu lösende Problem der Kumulation[18]. Wenn die Bonitätsprüfung ergeben hat, daß der Abnehmer für einen bestimmten Betrag gut erscheint, so kann der Kreditversicherer dem Versicherungsnehmer diesen Betrag als Limit, bis zu dem die Forderungen versichert sein sollen, aufgeben. Wie aber soll sich der Versicherer verhalten, wenn nunmehr andere Versicherungsnehmer für denselben Abnehmer dasselbe Limit versichert zu erhalten wünschen? Die Kreditversicherer haben verschiedene Wege zur Lösung beschritten. Einige lehnen die Risiken ab, die das von ihnen für zulässig gehaltene Gesamtlimit des Abnehmers, das sie schon bei anderen Versicherungsnehmern versichert haben, überschreiten. Der Expansion in der betreffenden Branche sind also Grenzen gesetzt. Andere wiederum kümmern sich nicht um die Kumulation. Sie behandeln jedes einzelne Limit gesondert und prüfen nur, ob die von ihnen vermittelte Bonität für den Kredit des *einen* Lieferanten ausreicht. Deckt sich der Abnehmer bei mehreren versicherten Lieferanten ein und überschreitet er dabei das von der

[17] Greulich, Die Kreditversicherung, S. 23.

[18] Vgl. dazu Greulich, Die Kreditversicherung, S. 24 f.

Kreditversicherung ermittelte Limit, so ist die Versicherung im Insolvenzfalle mit einem höheren Betrag im Obligo, als es die Bonität tatsächlich gerechtfertigt hätte. Wahrscheinlich sollten die Versicherer weder den einen noch den anderen Weg zum Dogma erheben, sondern die Entscheidung von den Umständen des Einzelfalles, bei denen vielerlei, auch branchenbedingte Gründe eine Rolle spielen, abhängig machen.

Kommt es zum Abschluß eines Warenkreditversicherungsvertrages, erhält der Versicherungsnehmer eine Kundenliste mit dem für jeden Abnehmer festgesetzten Kredithöchstbetrag, der das vom Versicherer ermittelte Limit und damit die Versicherungssumme bildet. Bis zu diesem Limit kann der Versicherungsnehmer Kredite auch revolvierend zur Verfügung stellen. Versicherungsschutz besteht nach § 1 Nr. 2 der Besonderen Bedingungen zum Mantelvertrag nur dann, wenn den Warenlieferungen des Versicherungsnehmers dessen Allgemeine Geschäftsbedingungen zu Grunde liegen und in diesen ein einfacher und verlängerter Eigentumsvorbehalt gewährleistet ist, um durch den Zugriff auf die verkaufte Ware den Schaden mindern zu können. Gerade in diesem Punkte bemühen sich die Kreditversicherer, Einfluß auf die AGB ihrer Versicherungsnehmer in der Weise zu nehmen, um diesen Verluste zu ersparen, die nach Ansicht des Versicherers vermeidbar sind. So haben sich die Warenkreditversicherer geweigert, Insolvenzverluste aus Scheck-Wechsel-Deckung, einer Finanzierungsunsitte zu Zeiten erhöhten Kreditbedarfs bei gleichzeitigen Kreditrestriktionen der Bundesbank, zu decken. Stattdessen haben sie ihren Versicherungsnehmern empfohlen, ihre Allgemeinen Lieferungsbedingungen mit Klauseln zu versehen, die den Eigentumsvorbehalt auch bei Finanzierung mittels Scheck-Wechsel-Deckungsgeschäftes gewährleisten[19].

IV. Die Mitwirkungspflichten des Versicherungsnehmers

Nach Abschluß des Versicherungsvertrages erwachsen dem Versicherungsnehmer mehrere Verpflichtungen. So hat er gemäß § 2 Nr. 2 der Besonderen Bedingungen zum Mantelvertrag Einschlüsse, Erhöhungen, Herabsetzungen und Streichungen der Versicherungssumme rechtzeitig zu beantragen. Nach § 4 Nr. 1 der AVB für die Warenkreditversicherung hat der Versicherungsnehmer die Pflicht, alle ihm während der Dauer der Versicherung bekannt werdenden Tatsachen, die für die Beurteilung der Kreditfähigkeit eines Kunden erheblich sind, der Versicherung anzuzeigen. Das gilt insbesondere dann, wenn der Kunde das

[19] Vgl. Matzel, Eigentumsvorbehalt und Scheck-Wechsel-Deckung, in NJW 1968, 1867.

in der Kundenliste festgelegte äußerste Kreditziel überschreitet oder wenn der Versicherungsnehmer Kenntnis von der drohenden oder eingetretenen Zahlungsunfähigkeit eines Kunden erhält. Der Versicherungsnehmer hat in diesen Fällen alle zur Vermeidung eines Versicherungsfalles und zur Minderung des Ausfalles geeigneten Maßnahmen zu ergreifen und gegebenenfalls Weisungen des Versicherers zu befolgen. Der Kreditversicherer seinerseits ist berechtigt, im Falle einer Gefahrerhöhung die von dieser betroffenen Abnehmer aus dem Versicherungsschutz auszuschließen, allerdings erst vom Zeitpunkt des Eingangs der Kündigungsmitteilung beim Versicherungsnehmer ab und auch nur für die danach ausgeführten und fakturierten Lieferungen.

V. Der Umfang der Entschädigungsleistung

Der Versicherungsfall ist die Zahlungsunfähigkeit des Kunden. Diese liegt nach § 2 Nr. 1 der AVB für die Warenkreditversicherung vor, wenn

"a) über das Vermögen eines Kunden oder seinen Nachlaß das Konkursverfahren eröffnet oder dessen Eröffnung vom Gericht mangels Masse abgelehnt ist,

b) über das Vermögen eines Kunden oder seinen Nachlaß das gerichtliche Vergleichsverfahren zur Abwendung des Konkurses eröffnet ist,

c) nach vorausgegangener Zahlungseinstellung im Sinne der Konkursordnung zwischen einem Kunden und seinen sämtlichen Gläubigern ein außergerichtlicher Vergleich (Stundungs-, Quoten- oder Liquidationsvergleich) zustande gekommen ist,

d) eine vom Versicherungsnehmer auf Grund eines vollstreckbaren Titels vorgenommene Zwangsvollstreckung in das Vermögen des Kunden nicht zur vollen Befriedigung geführt hat."

1. Die Vereinbarung eines Selbstbehalts

Sobald der Forderungsausfall endgültig feststeht, hat der Versicherer Entschädigung zu leisten. Hierbei ist jedoch eine Besonderheit zu beachten, die geradezu ein Wesensmerkmal der Warenkreditversicherung ist: In jedem Versicherungsvertrag wird eine Selbstbeteiligungsquote des Versicherungsnehmers an jedem Schadensfall vereinbart, die nicht anderweitig abgesichert werden darf. Die Höhe des Selbstbehalts wird individuell festgelegt, diese beträgt im Normalfall 30 % bei benannten Mantelverträgen, etwa 40 bis 50 % bei Pauschalversicherungen. Die Vereinbarung eines Selbstbehalts in der Kreditversicherung hat mehrere Gründe. Einmal ist die Prämienhöhe auf der Grundlage einer Selbstbeteiligung kalkuliert. Die Prämie müßte erheblich höher angesetzt werden, wenn der Gläubiger nicht bereit wäre, einen Teil des Risikos selbst zu tragen. Zum anderen soll die Vereinbarung des Selbstbehalts dem Kreditversicherer eine gewisse Gewähr dafür bieten, daß der Lieferant auch nach Abschluß eines Versicherungsvertrages die Sorgfalt eines ordentlichen Kaufmanns walten läßt. Trotz umfangreicher und gewissenhafter Bonitätsprüfung seitens des Versicherers ist es der Lieferant, der die vertraglichen Beziehungen zu seinen Abnehmern einzugehen und auch zu pflegen hat. Bei 100%iger Deckung der Risiken in der Warenkreditversicherung bestünde die Gefahr, daß der Versicherungsnehmer versucht ist, Umsatz um jeden Preis und ohne Rücksicht auf die Bonität seiner Schuldner zu Lasten der Versicherung zu machen.

Die Vereinbarung einer Selbstbeteiligung ist im übrigen ein international gültiges Merkmal der Kreditversicherung[20]. Kein Kreditversicherer trägt das Gesamtrisiko allein, vielmehr hat sich ein System der — auch internationalen — Rückversicherung herausgebildet. So hat der Gerling-Konzern im Durchschnitt der Geschäftsjahre von 1964 bis 1968 jeweils nur knapp 25 % der Prämieneinnahmen für eigene Rechnung (und eigenes Risiko) verwandt, während die übrigen Prämien (und damit Risiken) in Rückversicherung gegeben wurden[21]. Die Rückversicherer übernehmen die Risiken jedoch nur, wenn eine Selbstbeteiligung vereinbart wurde[22].

2. Die Minderung der Entschädigungsleistung

Neben der vereinbarten Selbstbeteiligung werden gemäß § 5 Nr. 3 der AVB für die Warenkreditversicherung noch weitere Beträge von den bei Eintritt der Zahlungsunfähigkeit bestehenden Forderungen abgesetzt. Dabei handelt es sich neben Rücklieferungen, aufrechenbaren Forderungen und Skonti, die der Schuldner abzuziehen berechtigt war, vorwiegend um Erlöse aus Pfandrechten, Sicherheiten, Bürgschaften oder dergleichen. Der Versicherungsnehmer muß auch Zahlungen des Schuldners oder dritter Personen, die sich auf die versicherten Forderungen beziehen, sowie gegebenenfalls eine Massequote gegen sich gelten lassen.

Eine detaillierte Regelung ist in den AVB für die Warenkreditversicherung hinsichtlich der Geltendmachung des Eigentumsvorbehalts getroffen. So werden die auf Grund des Eigentumsvorbehalts zurück-

---

[20] Schmid, Das „Platzen" eines Warenkredites ist ein versicherbares Risiko, Blick durch die Wirtschaft, Nr. 98 vom 27. 4. 1967, S. 5.

[21] Vgl. die Geschäftsberichte 1964—1968 der Gerling-Konzern Speziale Kreditversicherungs-AG, jeweils S. 4.

[22] Greulich, Die Kreditversicherung, S. 29.

erhaltene Rohware in Höhe des Rechnungswertes, Halb- und Fertigwaren sowie Außenstände, die auf Grund des verlängerten oder erweiterten Eigentumsvorbehalts als Sicherheit dienen, in Höhe des erzielten Erlöses abgesetzt.

VI. Die Höhe der Prämie und ihre Kalkulation

Die Vielzahl der verschiedenen Kriterien, die für jeden Versicherungsvertrag berücksichtigt werden müssen, bedingen, daß in der Warenkreditversicherung — anders als in anderen Sparten der Schadensversicherung — eine Prämie nicht nach allgemeingültigen Tarifen festgesetzt werden kann. Die Prämien werden vielmehr individuell kalkuliert. Dabei dient eine Vielzahl von Merkmalen als Kalkulationsgrundlage. Dazu gehören das dem Käufer durchschnittlich eingeräumte Zahlungsziel, Zahlungs- und Lieferbedingungen, Ergebnisse der Bonitätsprüfung der Schuldner, Eigenheiten der Branche und der Produkte des Versicherungsnehmers, die Umsatzhöhe und die Anzahl der Forderungsausfälle im Durchschnitt der letzten drei Jahre sowie die Verwertbarkeit der zurückzunehmenden Waren und die Höhe der Selbstbeteiligung[23]. Daneben bestimmt die gesamtwirtschaftliche Lage die Kalkulation des Kreditversicherers.

Die Prämie wird in seltenen Fällen vom Umsatz, in der Regel vielmehr an Hand von Saldenlisten berechnet. Dazu hat der Versicherungsnehmer dem Versicherer monatlich zum Monatsultimo alle offenen und Wechselforderungen (bis zur Höhe der Versicherungssummen) anzugeben.

Die Saldenprämie hat im Gegensatz zur Umsatzprämie den Vorteil, daß in ihr die Zahlungsbereitschaft der Abnehmer berücksichtigt werden kann[24]. Zahlt ein Abnehmer z. B. unmittelbar nach Erhalt der Rechnung in bar, so erscheint er nicht in der Saldenliste[25], und es entsteht keine Prämienzahlungspflicht. Umgekehrt wird die Prämienpflicht mehrmals ausgelöst, wenn der Abnehmer an mehreren Stichtagen in der Saldenliste erscheint, also ein langes Zahlungsziel in Anspruch nimmt.

Von Baehring[26] werden Prämiensätze von 0,5 bis 3 ‰ aus dem Umsatz oder von 1,5 bis 3 ‰ aus den jeweils offenen Salden genannt. Diese

---

[23] Vgl. Wölbling, Kosten der Kreditversicherung, in BB, Beilage 11/1968 zu Heft 32/1968, S. 15.

[24] Matzel, Absatz muß auch Umsatz werden, in Absatzwirtschaft, 1. Oktoberausgabe 1968, S. 17.

[25] Falls nicht zufällig der Monatsultimo als Stichtag für die Erstellung der Saldenliste zwischen Rechnungserteilung und Tag der Zahlung liegt.

[26] Die kommerzielle Kreditversicherung, in BankBetr. 1967, 83.

Sätze dürften die Spanne für extrem gute und extrem schlechte Risiken umfassen. Als durchschnittliche Richtzahl wurde dem Verfasser vom Gerling-Konzern eine Prämienhöhe von 1,5 bis 2 ‰ der offenen Salden genannt. Hinzu kommt eine Beteiligung an den Kosten für Prüfung und Überwachung der Schuldner in Höhe von z. Zt. DM 25,— pro Versicherungsjahr für jeden in die Versicherung eingeschlossenen Abnehmer[27].

Diese Kosten werden für Folgeprüfungen niedriger festgesetzt. Bei Mantelverträgen beträgt die Mindestprämie DM 5 000,— p. a.[28].

VII. Die Kreditschutzfunktion der Kreditversicherung

Der Wert einer Warenkreditversicherung als ein Mittel des präventiven Kreditschutzes besteht nicht allein in der Gewißheit, mit 70 % seiner Forderungen (bei einem angenommenen Selbstbehalt von 30 %) immer rechnen zu können. Die Kreditversicherungen sehen ihre Aufgabe nicht allein in der Schadensvergütung, sondern auch in der Schadensverhütung[29]. Dazu erscheinen sie in hohem Maße als geeignet. Mit Abschluß eines Versicherungsvertrages entsteht zwischen Versicherer und Versichertem ein Verhältnis dauernden Erfahrungsaustausches. Während der Versicherungsnehmer, wie oben mitgeteilt, dem Kreditversicherer laufend seine Beobachtungen im Geschäftsverkehr mit dem Abnehmer mitzuteilen hat, prüft der Versicherer von sich aus fortwährend die Bonität der versicherten Risiken. Hier wird er dem Versicherungsnehmer alle Beobachtungen mitteilen, die geeignet sind, den Lieferanten zur Vorsicht zu mahnen. Erscheint die Weiterversicherung eines Abnehmers dem Kreditversicherer zu bedenklich, wird er dessen Limit herabsetzen oder ihn ganz aus der Versicherung ausschließen. Auch hier erhält der Versicherungsnehmer ein deutliches Warnzeichen, das ihn zur Vorsicht oder sogar zur Einstellung weiterer Lieferungen veranlassen wird. Dem Versicherer kommen für die Folgeprüfungen selbstverständlich auch die Beobachtungen zu Gute, die andere Versicherungsnehmer im geschäftlichen Verkehr mit dem fraglichen Abnehmer treffen konnten. Auf diese Weise kann z. B. verhindert werden, daß Schäden daraus entstehen, daß ein Abnehmer bei seinem Lieferanten A stets pünktlich zahlt, um seine Bonität in gutem Licht erscheinen zu lassen, während er das Zahlungsziel beim Lieferanten B stets überschreitet. Wenn A und B bei derselben Versicherung denselben

[27] Vgl. Merkblatt für die Warenkreditversicherung des Gerling-Konzerns.

[28] So das Merkblatt für die Warenkreditversicherung des Gerling-Konzerns.

[29] von Halem, Kreditversicherung, S. 36.

Abnehmer versichert haben, wird der Versicherer dem Lieferanten A — mit der gebotenen Vorsicht — die Erfahrung des B mitteilen.

Der Wert dieser fortlaufenden Bonitätskontrolle, für die die Versicherer einen erheblichen Anteil am Prämienaufkommen aufwenden, da die vom Versicherungsnehmer gezahlten Prüfungsgebühren nicht kostendeckend sind, wird von manchen Versicherten so hoch eingeschätzt, daß sie die Versicherung nur zur Schadensverhütung, nicht zur Schadensvergütung abschließen. In diesen Fällen wird die Höhe der Selbstbeteiligung der Versicherten so hoch vereinbart, daß die Versicherungsprämie praktisch nichts anderes als eine Prämie für die Inanspruchnahme der Auskunftsquellen der Versicherung darstellt[30].

Welche Bedeutung die Warenkreditversicherungen für den Kreditschutz einzelner Wirtschaftszweige gewonnen haben, ergibt sich auch aus einer Mitteilung des „Kreditschutz Streichgarnspinner e. V." in Düsseldorf, einer branchengebundenen Kreditschutzorganisation, an den Verfasser, derzufolge keine Kreditschutzmeldungen an den Verein mehr angefordert werden, nachdem „die Mehrzahl der Firmen eine Warenkreditversicherung abgeschlossen hat".

Schließlich soll nicht unerwähnt bleiben, welche betriebswirtschaftliche Rolle die Kreditversicherungen zu spielen in der Lage sind, wenn sie die durch Forderungsausfälle verursachten Liquiditätsschwierigkeiten des versicherten Unternehmens zu mildern helfen. Diese Ansicht verdient auch dadurch keine andere Beurteilung, daß nach § 6 der Besonderen Bedingungen zum Mantelvertrag die Höchsthaftung des Versicherers aus aufsichtsrechtlichen Gründen auf das 20fache der Jahresprämie begrenzt ist[31]. Schließlich kann sogar der Rahmen des Versicherungsnehmers für die Inanspruchnahme von Bankkrediten erweitert werden, da Banken sich versicherte Forderungen gern als Sicherheit dienen lassen und auf die sonst erforderliche Übersicherung weitgehend verzichten. So hatte die Teilzahlungskreditversicherung von Anfang an u. a. die Funktion, die Refinanzierung der Teilzahlungskreditinstitute zu ermöglichen[32].

Jedes Unternehmen, sei es finanziell stark oder schwach fundiert, ist darauf angewiesen, Verluste an Forderungen zu vermeiden. In diesem Bestreben kann eine Warenkreditversicherung mit ihrer Verlustausgleichs-, Liquiditätsausgleichs- und Service-Funktion, wie Rose[33] die Aufgabenbereiche umschrieben hat, eine wertvolle Hilfe sein.

---

[30] So Baehring, Die kommerzielle Kreditversicherung, in BankBetr. 1967, 83.

[31] So Hentschel, Kreditversicherung und Kreditwirtschaft, in TeilzW 1966, 173.

[32] Greulich, Wesen und Funktion der Kreditversicherung, in NZZ vom 15. 11. 1967, Blatt 15.

[33] Forderungsbewertung und Delkredereversicherung, in BB 1968, 1324.

§ 7 Die Finanzierungsform ‚Factoring' als Kreditsicherungsmittel

Eine besondere Form der Kreditversicherung, zumindest in der praktischen Auswirkung, stellt das sogenannte Factoring-Verfahren dar; die Factoring-Unternehmen betrachten sich selbst als Konkurrenz zu den Kreditversicherungen[1]. Dies kann jedoch nur insoweit gelten, als Factoring-Unternehmen das Kreditrisiko ihrer Kunden zu tragen bereit sind, indem sie Forderungen aufkaufen, nicht jedoch versichern.

Es erscheint als sicher, daß Factoring in erster Linie nicht als Kreditsicherungsmittel gedacht war, sondern eine Finanzierungsmethode darstellte[2]. Zunehmend wird nun auch in Deutschland, ausgehend von der Entwicklung in den Vereinigten Staaten[3], die Kreditsicherungsfunktion des Factoring bedeutsam[4].

I. Das Factoring-System

Bevor die Eignung des Factoring als Kreditsicherungsmittel geprüft wird, soll im folgenden eine kurze Darstellung das Factoring-System verdeutlichen. Im Gegensatz zu den von Knopik[5] und — ihm folgend — einigen anderen Autoren[6] verwendeten Bezeichnungen Factor — Klient — Kunde werden der besseren Übersicht wegen die Begriffe Factor — Kunde — Abnehmer verwandt. Der Factor[7] ist das Institut, das die Factoring-Leistungen zur Verfügung stellt, der Kunde ist das Unter-

---

[1] Schmitt, Das Factoring-Geschäft, S 32.

[2] Vgl. für die Entwicklung in Deutschland u. a. Rödl, Finanzierung durch Factoring, in Creditreform 5/1968,21; Hanusch, Factoring als neue Dienstleistungs- und Finanzierungsmethode, in RWD 1969, 145; Capeller, Factoring als Sparkassengeschäft?, in Spark 1964, 99 (Capeller bezeichnet das Delkredere als Hauptfunktion des Factoring); Finger, Die Forfaitierung, in BB 1969, 765; Löffler, Begriff und Arten des Factoring, in BB 1967, 1304; Löffler, Factoring — ein modernes Finanzierungs-Instrument, in Schimmelpfeng Review 2 (1968), 27; Klaas, Die Risikoverteilung bei neueren Finanzierungsmethoden, in NJW 1968, 1502; Flohr, Factoring, Leasing undFabrikpacht, in Betr. 1963, 773.

[3] Eine ausführliche historische Übersicht, insbesondere der amerikanischen Verhältnisse seit dem Beginn des 19. Jahrhunderts, findet man bei Knopik, Factoring, S. 24 ff., dessen Arbeit, 1960 erschienen, die erste umfassende Darstellung in Deutschland war.

[4] Vgl. Die Welt vom 6. 1. 1970.

[5] Factoring, S. 17.

[6] u. a. Hanusch, Factoring als neue Dienstleistungs- und Finanzierungsmethode, in RWD 1969, 145; Rödl, Rechtsfragen des Factoring-Vertrages, in BB 1967, 1301.

[7] Eine Bezeichnung, die vom englischen Wort factor = Agent hergeleitet wird, so Book, Formen und Möglichkeiten der Absatzfinanzierung von Investitionsgütern, in Betr. 1965, 370.

nehmen, das mit dem Factor in Geschäftsverbindung tritt, während mit dem Abnehmer derjenige gemeint ist, der vom Kunden Waren bezieht.

Für den Begriff des Factoring hat die „Arbeitsgemeinschaft Factoring-Banken" in Deutschland laut ihrem Gründungsprotokoll eine Definition gefunden, aus der allein sich schon die Hauptaufgabengebiete des Factors ergeben[8]:

„Factor ist, wer Forderungen aus Warenlieferungen oder Dienstleistungen, die im Gewerbebetrieb eines anderen entstanden sind, ankauft, sie verwaltet und bereit ist, sie für die Zeit zwischen Ankauf und Geldeingang zu bevorschussen.

Auf die Tätigkeit des Factors hat es keinen Einfluß, ob er zusätzlich das Delkredere für solche Forderungen übernimmt oder nicht. Unter Übernahme des Delkredere-Risikos wird verstanden, daß der Factor die von ihm käuflich erworbenen Forderungen ohne Haftung des Verkäufers für die Einbringlichkeit der Forderung übernimmt und die Zinszahlungspflicht des Verkäufers, zu einem vorher vertraglich bestimmten Zeitpunkt, nach Fälligkeit der Forderung endet.

Für den Begriff des Factoring ist es nach übereinstimmender Meinung der Gesellschafter unerheblich, ob die in Deutschland übliche Methode der Teilung zwischen Dienstleistungsgebühr und Zinsen für die Berechnung des Entgelts des Factors erfolgt, oder ob beide Gebührenelemente im Wege eines Diskontabzugs von der Forderung in einem Betrag erhoben werden.

Notwendig für die Errichtung eines Factoring-Instituts ist es nach Ansicht der Gesellschafter für das Gebiet der Bundesrepublik, daß der Factor Bankeigenschaft erwirbt[9] und über die nötigen technischen und organisatorischen Voraussetzungen verfügt, zumindest die Debitoren- und Mahnbuchhaltung seiner Klienten in einer den Gesetzen unseres Landes entsprechenden einwandfreien Form für die Kunden auszuführen.

Der bloße Ankauf von Forderungen à-forfait im Inland oder Ausland allein genügt nicht, um ein Institut als Factoring-Bank zu qualifizieren."

II. Die Hauptfunktionen des Factoring

Aus dieser Definition wird deutlich, daß Factoring im wesentlichen drei Hauptfunktionen beeinhaltet:

1. Die Finanzierungsfunktion

Die Finanzierungsfunktion, indem die angekauften Forderungen des Kunden unter Abzug eines Diskonts bevorschußt werden. Dem Kunden stehen diese Mittel in fast voller Höhe zur Verfügung. Ur-

---

[8] Zitiert nach Schmitt, Das Factoring-Geschäft, S. 13 f.

[9] Gemeint ist die Zulassung als Kreditinstitut i. S. d. § 1 KWG, Anmerkung des Verfassers.

sprüngliche Zielgeschäfte werden somit praktisch zu Barverkäufen, der Kunde seinerseits kann bei seinen Lieferanten unter Skonto-Ausnutzung Waren beziehen.

2. Die Dienstleistungsfunktion

Die Dienstleistungsfunktion, da die Forderungen durch den Ankauf in das Vermögen des Factors übergehen und dieser damit deren Verwaltung, Buchführung, Mahnwesen und Inkasso übernimmt. Der Kunde wird dadurch von der Debitorenbuchhaltung und der Unterhaltung einer Mahn- und Inkassoabteilung entlastet.

3. Die Delkrederefunktion

Die Delkrederefunktion, bei der der Factor bei entsprechender Vereinbarung das volle Risiko der Zahlungsunfähigkeit des Abnehmers übernimmt, wenn dieser die Waren abgenommen und nicht beanstandet hat[10]. Im Gegensatz zur Kreditversicherung trägt der Kunde keine Selbstbeteiligung, ebensowenig braucht er beim Factoring-Verfahren den Nachweis der Zahlungsunfähigkeit seines Abnehmers zu führen, da das Überschreiten einer vereinbarten Frist als Fall der Zahlungsunfähigkeit gilt.

Soweit der Factor das Kreditrisiko nicht übernimmt, spricht man vom unechten Factoring, wohingegen das echte Factoring auch die Delkrederefunktion umfaßt. Bei beiden Verfahrensarten wird noch eine Unterscheidung zwischen offenem und stillem Factoring getroffen, wobei beim offenen Verfahren die Abnehmer über die Abtretung in Kenntnis gesetzt werden, während beim stillen Verfahren der Verkauf und die Abtretung der Forderungen nicht offengelegt werden[11]. Die Offenlegung erfolgt in der Weise, daß der Kunde, gegebenenfalls in Zusammenarbeit mit dem Factor, seinen Abnehmern mitteilt, er habe einen Factoring-Vertrag abgeschlossen und alle gegenwärtigen und künftigen Forderungen an den Factor verkauft und abgetreten. Gleichzeitig werden die Abnehmer gebeten, Zahlungen künftig nur noch an den Factor zu leisten.

Soweit, wie es für das Verständnis des Factoring-Systems und seine Eignung als Kreditsicherungsmittel notwendig ist, soll das Verfahren nun dargestellt werden. Da nur das echte Factoring, d. h. das Factoring mit Einschluß der Delkrederefunktion, als Mittel der Kreditsicherung angesehen werden kann, beschränkt sich die Darstellung darauf.

[10] Wißkirchen, Factoring, Schimmelpfeng Review 1 (1967), 20.

[11] Vgl. Löffler, Begriff und Arten des Factoring, in BB 1967, 1306.

III. Der Factoring-Vertrag

1. Die betriebswirtschaftlichen Voraussetzungen des Factoring-Vertrages

Dem Vertragsabschluß gehen regelmäßig Untersuchungen des Factors über die Umsatz- und Ertragslage des Interessenten voraus, dabei wird mitgeprüft, ob sich das Unternehmen überhaupt für den Anschluß an das Factoring-Verfahren eignet. Aus verschiedenen betriebswirtschaftlichen Gründen eignen sich nämlich nur die Betriebe für Factoring, die als Industrieunternehmen Umsätze von nicht weniger als DM 2 bis DM 3 Millionen und nicht mehr als etwa DM 150 bis DM 200 Millionen p. a. tätigen, deren Forderungen sich nicht gegen Endverbraucher richten und deren Rechnungsziele 90 Tage nicht oder nur unwesentlich überschreiten[12]. Der Kunde übergibt dem Factor eine Liste aller seiner Abnehmer. Diese Abnehmer werden vom Factor in ähnlicher Weise wie vom Kreditversicherer auf ihre Bonität hin überprüft, wobei diese Bonitätsprüfung auch beim Factor vielfach dadurch erleichtert wird, daß gerade dieser Abnehmer auch von anderen Anschlußkunden beliefert wird, so daß Auskunftsmaterial bereits vorrätig ist. Das Ergebnis der Bonitätsprüfung teilt der Factor dem Interessenten mit, gegebenenfalls enthält diese Mitteilung Abnehmer, deren Verpflichtungen der Factor nicht übernehmen will oder bei denen er ein gewisses Limit als Forderungshöchstgrenze festlegt. Darüber hinausgehende Lieferungen blieben Risiko des Kunden, der Factor übernähme nur die treuhänderische Verwaltung dieser Forderungen.

2. Die Abwicklung des Vertrages

Nach Vertragsabschluß übersendet der Kunde dem Factor Kopien sämtlicher Rechnungen an Abnehmer, denen Ware geliefert worden ist. Die Gutschrift des Rechnungsgegenwertes erfolgt auf dem Konto des Kunden in voller Höhe abzüglich der Factoring-Gebühr. Der Kunde kann nunmehr über den gutgeschriebenen Gegenwert mit Ausnahme eines Sperrbetrages von etwa 10 bis 20 % verfügen, falls seine Liquiditätslage dies erfordert. Die Einbehaltung des Sperrbetrages erfolgt nur, um aus diesem Betrag Skontoabzüge, Mängelrügen, Retouren oder ähnliches von seiten des Abnehmers ausgleichen zu können. Sind

---

[12] Vgl. im einzelnen dazu Schmitt, Das Factoring-Geschäft, S. 67 ff., an anderer Stelle nennt Schmitt abweichende Größenordnungen zwischen DM 5 und 100 Millionen (Vgl. Factoring sucht einen Platz im deutschen Bankenmarkt, in ZGesKredW 1966, 1043). Wieder andere Autoren grenzen die Möglichkeiten noch weiter ein; Hoffmann (Factoring — was ist es — wer kann Gebrauch davon machen?, in Schimmelpfeng Review 1 (1967), S. 22) nennt einen Jahresumsatz von etwa DM 50 Millionen als Obergrenze.

derartige Abzüge vom Abnehmer nicht vorgenommen worden, steht auch der Sperrbetrag dem Kunden zur Verfügung. Verfügt der Kunde vor Bezahlung der Forderungen durch seinen Abnehmer über den Gegenwert, so hat er diese Beträge zu verzinsen, ein Verfahren, das dem Abzug des Diskonts beim Wechselgeschäft sehr ähnlich ist. Hier wird deutlich, warum man Factoring als „wechselloses Wechselgeschäft" bezeichnen kann.

3. Der Eintritt des Risikofalles

Übernimmt der Factor nicht nur die Bevorschussung der Forderungen und gewisse Dienstleistungen, sondern auch das Delkredere, so haftet der Kunde nur für den Bestand und die Übertragbarkeit der Forderungen. Der Risikofall wird dann als eingetreten angenommen, wenn der Abnehmer eine bestimmte Zeit nach Zielablauf nicht gezahlt hat und dieses Nichtzahlen nicht etwa in Mängelrügen, sondern in Zahlungsunfähigkeit seine Ursache hat[13]. Der Ausfall der Forderung braucht also nicht besonders nachgewiesen zu werden, ebensowenig muß der Kunde die Forderung ausgeklagt oder die Rechtsverfolgung auch nur eingeleitet haben. Dem Factor steht das Recht der Rückbelastung nur zu, wenn die Forderung bestritten ist oder wenn von dem Rechnungsbetrag Abzüge (etwa wegen Skontoausnutzung oder Verrechnung von Warenretouren) vorgenommen worden sind. Um diese Rückbelastung zu ermöglichen, wird der Sperrbetrag einbehalten.

Es leuchtet ein, daß sich nur das offene Verfahren für die Übernahme des Delkredere eignet[14], da der Factor anderenfalls die von ihm angekauften Forderungen nicht „beherrscht". Der Abnehmer muß wissen, daß Zahlungen mit schuldbefreiender Wirkung nur noch an das Factoring-Institut geleistet werden dürfen. Anderenfalls müßte der Factor die Bonität auch seines Kunden *laufend* überwachen, da diesem beim stillen Verfahren alle Rechnungsbeträge überwiesen würden, die nicht ihm, sondern dem Factor gehören. Sicher sind in der deutschen Wirtschaftspraxis noch vielfältige psychologische Hemmnisse zu überwinden, bis sich Unternehmer ohne weiteres mit der Offenlegung ihrer Forderungen einverstanden erklären, da noch immer derjenige als „schwach" gilt, der Forderungen (zur Sicherheit) abtritt oder gar verkauft. Durch eine geschickt formulierte Benachrichtigung des Abnehmers, an der vielfach die Factoring-Institute selbst mitwirken, läßt sich der Eindruck beim Abnehmer, sein Lieferant habe die Abtretung „wohl nötig", sicher überwinden.

---

[13] Hoffmann, Factoring — was ist es — wer kann Gebrauch davon machen?, in Schimmelpfeng Review 1 (1967), S. 22.

[14] So auch Capeller, Factoring als Sparkassengeschäft?, in Spark 1964, 100.

Es darf auch nicht übersehen werden, daß der Rationalisierungseffekt, der durch die Verlagerung der Debitorenbuchhaltung auf den Factor erzielt werden soll, nur beim offenen Verfahren voll wirksam werden kann[15]. Der Kunde braucht weder Zahlungen entgegenzunehmen, noch wird er durch das Versenden von Mahnschreiben belastet, wohingegen ihm diese Arbeiten beim stillen Verfahren verblieben.

Die eben beschriebenen Vorteile des offenen Verfahrens haben in der Praxis dazu geführt, daß einige Factoring-Gesellschaften das Factoring nur im offenen Verfahren betreiben, andere wiederum versuchen, das Neugeschäft offen zu übernehmen und nur alte Verträge noch im stillen Verfahren abzuwickeln[16].

4. Die Factoring-Gebühren

Ähnlich wie bei der Kreditversicherung lassen sich die Gebühren, die für die Inanspruchnahme des Factoring entstehen, nur individuell kalkulieren. Relativ einfach ist die Kalkulation des Diskonts, der Zinsen also für die Zeit zwischen Bereitstellung des Gegenwertes und Fälligkeit der Forderung. Hier wird üblicherweise ein Zinssatz von 4½ % über dem jeweiligen Diskontsatz der Deutschen Bundesbank berechnet, was nicht ganz billig erscheint, aber durchaus im Rahmen der Zinsen für Kontokorrent-Kredite des „Normalkunden" einer Geschäftsbank liegt. Andererseits muß sich der Factor für die verauslagten Beträge bei anderen Banken oder auf dem Geldmarkt refinanzieren.

Die Gebühren für die Übernahme der Dienstleistungen sind abhängig von dem Umfang der abgetretenen Forderungen und der Anzahl der zu bearbeitenden Rechnungen. Die Dienstleistungsgebühren liegen zwischen 0,5 und 2,5 % des Umsatzes[17]. Wieweit hier ein Rationalisierungseffekt für das einzelne Unternehmen durch Anschluß an einen Factor erzielt werden kann, muß nach betriebswirtschaftlichen Grundsätzen individuell errechnet werden.

Die Gebühren für die Übernahme des Delkredere hängen im wesentlichen von denselben Faktoren ab, wie sie für die Kalkulation der Kreditversicherer maßgebend sind. Je nach Art und Bonität der Kunden und abhängig von den Zahlungsbedingungen und den Forderungsausfällen der Vergangenheit dürfte die durchschnittliche Belastung für die Übernahme des Delkredere bei etwa 1 % des Umsatzes liegen[18].

---

[15] So mit Recht Hoffmann, Factoring — was ist es — wer kann Gebrauch davon machen?, in Schimmelpfeng Review 1 (1967), S. 22.

[16] Vgl. die Übersicht bei Schmitt, Das Factoring-Geschäft, S. 116; Löffler, Begriff und Arten des Factoring, in BB 1967, 1306.

[17] Löffler, Begriff und Arten des Factoring, in BB 1967, 1306.

[18] So Rödl, Finanzierung durch Factoring, in Creditreform 5/1968, 22.

Nimmt der Kunde, wie von den Factoring-Gesellschaften angestrebt, sowohl die Dienstleistungs- als auch die Delkrederefunktion des Factors in Anspruch, so dürfte sich eine Gesamtgebühr erreichen lassen, die etwas günstiger liegt als die bloße Addition der Kosten.

IV. Die Rechtsnatur des Factoring-Vertrages

Die Rechtsnatur des Factoring-Vertrages soll nunmehr insoweit untersucht werden, als dies für das Verständnis der Hemmnisse notwendig ist, die der Anwendung — oder der Ausweitung — des Factoring in Deutschland entgegenstehen, und die damit das Factoring-Verfahren als Kreditsicherungsmittel für deutsche Verhältnisse unbrauchbar erscheinen lassen könnten:

Der breite Fächer von Leistungen, die der Factor seinem Kunden anbietet, macht es unmöglich, den Factoring-Vertrag als einheitlichen Vertragstyp anzusehen. Vielmehr müssen die verschiedenen Funktionen einzeln betrachtet werden.

Der Finanzierungsfunktion des Factors liegt ein Kaufvertrag zu Grunde (§§ 433 ff. BGB), der durch Abtretung von Forderungen gemäß §§ 398 ff. BGB erfüllt wird. Der Factor tritt nach § 398 Satz 2 BGB an die Stelle seines Kunden, des bisherigen Gläubigers. Die Schuldnerschutzvorschrift des § 404 BGB birgt für den Factor keine Gefahren, da der Kunde ja die Gewähr für den Bestand der Forderung übernommen hat. Außerdem wird man, das gilt jedenfalls für das offene Verfahren, in der widerspruchslosen Hinnahme der Abtretungsanzeige durch den Abnehmer vielfach einen Verzicht auf die Geltendmachung von Einwendungen im Sinne des § 404 BGB sehen können[19]. Für den Fall des stillen Factoring muß sich der Factor neben den Einwendungen aus § 404 BGB auch die Rechte aus den §§ 406, 407, 408 und 410 von den Abnehmern entgegenhalten lassen[20], falls der Schuldner dazu berechtigt sein sollte.

Rechtsgrundlage für die Dienstleistungsfunktion des Factors ist hinsichtlich der Beratungstätigkeit ein Dienstvertrag gemäß §§ 611 ff. BGB, hinsichtlich der Übernahme der Debitorenbuchhaltung und des Mahnwesens ein Werkvertrag gemäß §§ 631 ff. BGB, da hier ein bestimmter Erfolg geschuldet wird.

Die Delkrederefunktion der Factoring-Institute soll nach Ansicht verschiedener Autoren die Merkmale eines „Kreditversicherungsver-

---

[19] Vgl. BGH LM Nr. 2 zu § 406 BGB.

[20] Rödl, Rechtsfragen des Factoring-Vertrages, in BB 1967, 1302.

trages" tragen[21]. Dieser Auffassung kann insoweit unbedenklich gefolgt werden, als die Delkrederefunktion in der Tat einige Ähnlichkeit mit dem Delkredere des Kommissionärs (§ 394 HGB) oder dem des Handelsvertreters (§ 86 b HGB) hat.

Die Verschiedenartigkeit der Leistungen des Factors läßt die Unterstellung vertretbar erscheinen, daß es grundsätzlich dem Willen der Vertragspartner entspreche, daß bei Nichtigkeit eines Vertragsteiles die Wirksamkeit der übrigen Vertragsteile davon unberührt bleiben solle (§ 139 BGB). Selbst für den Fall, daß der Teilbereich „Forderungskauf" unwirksam sein sollte, wird man, anders als Rödl[22], unterstellen können, daß der Kunde auch dann die übrigen Leistungen des Factors in Anspruch nehmen will. Nr. 22 des Muster-Factoring-Vertrages[23] läßt diese Auffassung für die Vertragsparteien verbindlich werden.

V. Die Hindernisse für das Factoring-Verfahren

Die rechtliche Konstruktion des Factoring-Vertrages und der praktische Ablauf des Factoring-Verfahrens machen deutlich, daß es in der Hauptsache drei Hemmnisse gibt, die es verhindern, daß Factoring in Deutschland — jedenfalls bisher — nicht annähernd den Umfang erreicht, wie es z. B. in den Vereinigten Staaten der Fall ist.

1. Der verlängerte Eigentumsvorbehalt und die Globalzession

Der Forderungsverkauf im Sinne §§ 433, 398 ff. BGB kann nur dann wirksam vorgenommen werden, wenn der Kunde als Verkäufer nicht in der Verfügungsmacht über die Forderung beschränkt ist. Eine solche Verfügungsbeschränkung liegt in der Vereinbarung eines verlängerten Eigentumsvorbehalts, den man in der heutigen Wirtschaftspraxis schon beinahe zum „wesentlichen Bestandteil" von Allgemeinen Geschäftsbedingungen fast aller Branchen und Wirtschaftsstufen zählen kann. Nach einer Erhebung des BDI aus dem Jahre 1960[24] waren schon 1959 formularmäßige Klauseln über den verlängerten Eigentumsvorbehalt in 24 von 25 erfaßten Branchen üblich, und zwar durchweg bei 70 bis 80 % aller Firmen, in einzelnen Branchen wie Chemie

[21] Rödl. Rechtsfragen des Factoring-Vertrages, in BB 1967, 1301; Hanusch, Factoring als neue Dienstleistungs- und Finanzierungsmethode, in RWD 1969, 146.

[22] Rödl, Rechtsfragen des Factoring-Vertrages, in BB 1967, 1302.

[23] Abgedruckt bei Schmitt, Das Factoring-Geschäft, S. 114.

[24] Zitiert nach Esser, Globalzession und verlängerter Eigentumsvorbehalt, in JZ 1968, 282, Fußn. 12.

oder Eisen und Stahl sogar bei 100 %. Hier erfolgt also seit über zehn Jahren praktisch keine Lieferung mehr ohne einen verlängerten Eigentumsvorbehalt.

Das Vorbehaltsrecht des Lieferanten und das zedierte Recht des Factors müssen kollidieren. In diesen Fällen könnte die Wirksamkeit der an den Factor erfolgten Globalzession auf Grund der Rechtsprechung des Bundesgerichtshofs fraglich sein.

Die Frage der Konkurrenz zwischen verlängertem Eigentumsvorbehalt und Globalzession hat den BGH erstmals in seinem Urteil vom 30. 4. 1959[25] beschäftigt, als es um die Wirksamkeit einer Globalzession einer Geschäftsbank ging. Der BGH bekräftigte erneut den Grundsatz der Priorität[26], wonach bei einer derartigen Abtretungskonkurrenz die „Forderung im Augenblick ihres Entstehens von demjenigen Abtretungsempfänger erworben (wird), dem sie zuerst abgetreten wurde“[27]. Dies dürfte, zumindest bei längerer Laufzeit des Factoring-Vertrages, den Factor als Ersterwerber begünstigen. Dieses Prioritätsprinzip schränkt der BGH[28] zu Ungunsten der vorausgehenden Globalzession über § 138 BGB wieder ein, und zwar deshalb, weil die Globalzession nach dem Willen der Vertragspartner auch solche Forderungen umfassen solle, die der Zedent seinen Lieferanten auf Grund eines verlängerten Eigentumsvorbehalts abtrete oder abtreten müsse. Die Sittenwidrigkeit, so fährt der BGH fort, liege darin, daß der Lieferant praktisch gezwungen werde, seinen Lieferanten gegenüber grobe Vertragsverletzungen zu begehen.

Dieses Urteil hat Befürworter[29], überwiegend aber wohl, soweit ersichtlich, Gegner gefunden, die es als bankenfeindlich[30], mittelstandsfeindlich[31], unbegreiflich[32] oder als einseitige Bevorzugung der Warenlieferanten[33] bezeichnen[34].

Die Frage der Sittenwidrigkeit der Globalzession bei notwendiger Sicherungsübereignung auf Grund eines verlängerten Eigentumsvor-

---

[25] BGHZ 30, 149.

[26] Vgl. Palandt-Danckelmann, Anm. 3 d zu § 398.

[27] So Klaas, Die Risikoverteilung bei neueren Finanzierungsmethoden, in NJW 1968, 1503.

[28] BGHZ 30, 149.

[29] So z. B. Esser, Globalzession und verlängerter Eigentumsvorbehalt, in JZ 1968, 281.

[30] Wie Schmitt, Um die Globalzession, in ZGesKredW 1968, 666.

[31] Wie Schmitt, Das Factoring-Geschäft, S. 17.

[32] Wie Werhahn, Anm. zum Urteil des BGH vom 24. 4. 1968 — VIII ZR 94/66 — (NJW 1968, 1516), in NJW 1968, 1516.

[33] Wie Dempewolf, Anm. zum Urteil des BGH vom 30. 4. 1959 — VII ZR 19/58 — (BGHZ 30, 149), in NJW 1959, 1533.

[34] Vgl. auch die umfassende Übersicht von Dieckmann, Globalzession und verlängerter Eigentumsvorbehalt, in JuS 1961, 219.

behalts ist vom BGH in der Folgezeit etwas differenzierter und „bankenfreundlicher" behandelt worden. Einmal soll die Globalzession dann nicht sittenwidrig sein, wenn der damit gesicherte Kredit mit der Bestimmung gewährt worden ist, die Darlehenssumme zur Bezahlung der Forderungen der Lieferanten zu verwenden, mit anderen Worten, wenn aus dem Darlehen der verlängerte Eigentumsvorbehalt des Vorbehaltsverkäufers durch Zahlung zum Erlöschen gebracht werden soll[35]. Eine weitere Einschränkung hat der BGH in seinem Urteil vom 30. 10. 1961[36] vorgenommen, wonach zur Begründung der Sittenwidrigkeit nicht die Möglichkeit genüge, daß die Globalzession mit einem verlängerten Eigentumsvorbehalt in Konflikt gerate. Das Handeln der Bank als Globalzessionar müsse — um sittenwidrig zu sein — in verwerflicher Gesinnung erfolgt sein[37].

Diese Rechtsprechung hätte für die Praxis der Factoring-Unternehmen bedeutet, daß an der Wirksamkeit der ihnen abgetretenen Forderungen grundsätzlich keine Zweifel mehr entstehen konnten, da sie die Forderungen ja gerade zur Verbesserung der Liquidität ihrer Kunden bevorschußten, damit diese ihrerseits die Lieferanten befriedigten. Die Forderungsabtretungen sind darüberhinaus weder wegen mangelnder Bestimmbarkeit unwirksam noch gar wegen Knebelung sittenwidrig, da die Übersendung der Rechnungsdurchschriften an den Factor eine hinreichende Bestimmbarkeit ermöglicht und man, bei einem vorübergehenden Einbehalt eines Sperrbetrages in Höhe von 10 bis 20 %, nicht von einer sittenwidrigen Beeinträchtigung der wirtschaftlichen Betätigung des Kunden sprechen kann.

Umso mehr mußte es überraschen, daß der BGH in zwei Urteilen aus jüngerer Zeit[38] eine Globalzession wegen Kollision mit dem verlängerten Eigentumsvorbehalt des Lieferanten des Schuldners erneut und auch dann für sittenwidrig befunden hat, wenn der Kredit in erster Linie zur Befriedigung des Vorbehaltsverkäufers bestimmt war. Eine solche Klausel in dem Vertrag zwischen Bank und Schuldner sei praktisch bedeutungslos, da die Bank sich nicht darauf verlassen könne, daß der Schuldner den Kredit auch wirklich dazu verwendet, seinen Lieferanten zu bezahlen.

Von Interesse mag in diesem Zusammenhang eine Mitteilung der Heller Factoring Bank AG, Mainz, in ihrem Geschäftsbericht für 1968 sein. Dort wird mitgeteilt, daß die „vielbeachtete Entscheidung" des BGH vom 24. 4. 1968[39] zu einer zunehmenden Zurückhaltung der Haus-

---

[35] BGH NJW 1960, 1003.

[36] WM 1962, 13.

[37] BGH WM 1962, 13, 15.

[38] Urteil vom 24. 4. 1968 NJW 1968, 1516; Urteil vom 6. 11. 1968 NJW 1969, 318.

[39] NJW 1968, 1516.

banken bei der Einräumung von Betriebsmittelkrediten gegen sicherungsweise Forderungsabtretungen geführt habe. Es sei seitdem ein verstärkter Trend zum Factoring festzustellen. 50 % der neu gewonnenen Inlandskunden im Jahre 1968 habe die Verbindung zur Factoring-Bank auf Empfehlung der Hausbank aufgenommen[40].

Der Gefahr, daß den Factoring-Unternehmen im Fall einer Krise ihrer Kunden entgegengehalten werden kann, die Forderungsabtretung sei wegen sittenwidriger Kollision mit dem verlängerten Eigentumsvorbehalt des Vorbehaltsverkäufers nichtig, können die Factors nur dadurch entgehen, daß sie deutlich und nachdrücklich auf den — insbesondere betriebswirtschaftlichen — Unterschied zwischen einem zessionsgesicherten Geschäftsbankenkredit einerseits und der Bevorschussung angekaufter Forderungen durch einen Factor andererseits hinweisen. Dann wird erkennbar, daß das Problem des verlängerten Eigentumsvorbehalts beim Zessionskredit anders als beim Factoring zu behandeln ist.

Dieser Unterschied ergibt sich daraus, daß die Forderungsabtretung beim Zessionskredit nur einen Sicherungszweck erfüllen soll, während die Forderung beim Factoring angekauft und endgültig und ausschließlich dem Factor überlassen wird[41]. Der Factor gleicht die Einzelrechnung durch Einzel- oder Sammelzahlung aus. Die Forderung kann, wenn, wie hier angenommen, das Delkredere übernommen worden ist, auch nicht mehr auf den Kunden zurück übertragen werden. Der Kunde wird in die Lage versetzt, seinen Lieferanten, den Vorbehaltsverkäufer, sofort zu bezahlen. Der Kunde zahlt „wie bar“[42] und entspricht damit der Zielsetzung des Factoring-Verfahrens überhaupt, durch erhöhte Liquidität wirtschaftliche Chancen — wie Skonti — ausnutzen zu können und, gleichsam als Nebenzweck, den verlängerten Eigentumsvorbehalt des Lieferanten zum Erlöschen zu bringen. Damit entfällt der vom BGH für seine Rechtsprechung herangezogene Gedanke, der — wenn auch zeitlich nachfolgende — Warenkreditgeber sei mit seinem Sicherungsinteresse gegenüber der wirtschaftlichen Überlegenheit des Geldkreditgebers besonders schutzbedürftig. Die Leistung des Factors ermöglicht es ja gerade, den Warenkreditgläubiger zu befriedigen und damit seinem Sicherungsinteresse Rechnung zu tragen. Es kann keine Rede davon sein, daß beim Factoring die Interessen des Vorbehaltsverkäufers in „verwerflicher Gesinnung[43]

---

[40] Vgl. dazu auch „Heller-Factoring: Beste Ausgangsposition“, in Blick durch die Wirtschaft Nr. 119 vom 24. 5. 1969.

[41] Redemann, Factoring dringt vor, in TeilzW 1967, 24.

[42] So von Karger, Rechtliche Überlegungen zum Factoring-Vertrag, in Handelsblatt Nr. 222 vom 17. 11. 1969, S. 16.

[43] So BGH WM 1962, 15.

mißachtet würden. Diese Überlegungen können den Factor jedoch nur dann schützen, wenn der Abtretungsvertrag der Vereinbarung eines verlängerten Eigentumsvorbehalts vorangeht, die zeitliche Priorität also gewahrt ist. Nur dann erlaubt die Zielsetzung des Factoring-Vertrages die Annahme, die Forderungsabtretung sei trotz des nachfolgenden verlängerten Eigentumsvorbehalts zulässig und wirksam.

Auch das LG Mainz[44] hat den vom BGH[45] entwickelten Grundsatz der Nichtigkeit einer Globalzession bei einer Kollision mit einem später vereinbarten verlängerten Eigentumsvorbehalt für den Factoring-Vertrag für unanwendbar erklärt, da „Ausgangspunkt, Vertragszweck und Folgen" des Factoring-Verfahrens sich von der zu Sicherungszwecken vereinbarten Globalzession „grundsätzlich und entscheidend" unterschieden. Beim Factoring-Vertrag trete die Bank, anders als bei der Sicherungszession, nicht als wirtschaftlich überlegener, vom kapitalsuchenden Geschäftspartner um Kredit angegangener Darlehensgeber auf, sondern als gleichrangiger Geschäftspartner des Kunden. Die Sicherungszession sei zwar im Regelfall — anders als bei einem Factoring-Vertrag — als lieferantenfeindlich anzusehen. Anderes gelte jedoch für den Factoring-Vertrag, obwohl der Lieferant auch dort nicht davor geschützt sei, daß der Kunde das ihm vom Factor zur Verfügung gestellte Geld anderweitig verwendet. Auch das LG Frankfurt[46] hält eine Globalzession beim Factoring-Vertrag trotz eines nachfolgenden verlängerten Eigentumsvorbehalts mit ähnlicher Begründung für wirksam.

Es bleibt zu hoffen, daß die höchstrichterliche Rechtsprechung diesen Unterschied zwischen Sicherungszession und „Factoring-Zession" erkennt — und vor allem anerkennt. Anderenfalls müßte die Ausweitung des Factoring-Verfahrens in Deutschland schweren Schaden nehmen, wenn die Fortführung des Factoring mit Delkrederefunktion nicht überhaupt unmöglich gemacht wird.

Letztlich bliebe den Factoring-Instituten immer noch der Weg, in Verhandlungen mit Wirtschaftsverbänden zu versuchen, diese von der formularmäßigen Vereinbarung eines verlängerten Eigentumsvorbehalts für den Fall abzuhalten, daß der Belieferte ein Kunde eines Factors ist. In gleicher Weise müßten die Factors auf ihre Kunden dahin einzuwirken versuchen, daß von dem Factoringerlös in erster Linie die Lieferantenschulden abzudecken seien. Diese Vereinbarungen könnten sogar in den Allgemeinen Geschäftsbedingungen der Factoring-Institute oder im einzelnen Factoring-Vertrag getroffen werden.

[44] BB 1966, 1038 mit Hinweis auf die Rechtskraft in BB 1966, 1125.

[45] In BGHZ 30, 149.

[46] BB 1967, 1309.

Bei genügendem Verständnis auf allen Seiten erscheint das Problem nicht unlösbar.

2. Das Verbot der Forderungsabtretung

Ein weiteres Hemmnis, das das Factoring-Verfahren in Deutschland behindert, hat die Rechtsprechung noch nicht beschäftigt; es handelt sich um das Problem des Verbots der Forderungsabtretung.

Dieses Verbot wird häufig von Unternehmen der öffentlichen Hand oder von solchen Firmen ausgesprochen, die über eine ausgesprochen starke Position im Markt verfügen, denen gegenüber die Stellung des Kunden oder des Factors wesentlich schwächer erscheint. Aber gerade an diesen Forderungen hat der Factor aus Bonitätsgründen beim Delkredere ein großes Interesse.

Die Gründe, die ein Unternehmen zum Zessionsverbot veranlassen, sind nicht einmal zu mißbilligen. Gerade bei Großunternehmen mit einer umfangreichen Buchhaltung können Abtretungsanzeigen nur zu leicht übersehen werden, ein Versehen, das im Krisenfalle zu einer Doppelzahlung führen kann. Ein weiterer Grund soll darin liegen, daß die Speicherkapazität beim Buchungsverfahren auf elektronischen Datenverarbeitungsanlagen begrenzt ist, so daß neben den notwendigen buchhaltungstechnischen Angaben und Name, Anschrift und Kontoverbindung des Gläubigers nicht noch die erforderlichen Angaben für den Zessionar gespeichert werden können[47].

Die Factoring-Institute haben auf verschiedenen Wegen versucht, Forderungen trotz des Abtretungsverbots aufzukaufen; mitunter sind sie dabei recht abenteuerliche dogmatische Wege gegangen.

Umbefriedigend erscheint die Lösung, das Abtretungsverbot schlicht zu ignorieren und den Kunden — wie in Nr. 9 des Entwurfs Allgemeiner Geschäftsbedingungen für das Factoring-Geschäft[48] — zu verpflichten, die bei ihm eingegangenen Geldbeträge an den Factor weiterzuleiten. Dieses Verfahren beinhaltet alle Nachteile des stillen Factoring und verträgt sich nicht mit dem Sicherungsbedürfnis des Factors bei der Übernahme des Delkredere.

Der andere Weg, den Factoring-Institute zur Umgehung der Abtretungsverbote beschritten haben, hat den Nachteil, daß er, bei allen Zweifeln an seiner rechtlichen Wirksamkeit, über Gebühr in die Rechtsposition des Abnehmers eingreift. Factor und Kunde wählen eine Bürgschaftskonstruktion, für die in dem Entwurf Allgemeiner

[47] So von Karger, Rechtliche Überlegungen zum Factoring-Vertrag, in Handelsblatt Nr. 222 vom 17. 11. 1969, S. 16.
[48] Wortlaut bei Schmitt, Das Factoring-Geschäft, S. 105.

Geschäftsbedingungen für das Factoring-Geschäft[49] folgende Vereinbarung gelten soll:

„Nr. 33 In den Fällen, in denen die Debitoren die Abtretbarkeit von gegen sie gerichteten Forderungen durch Vereinbarung mit dem Anschlußkunden ausschließen, ist die Bank nach ihrer Prüfung berechtigt, für ihr zum Kauf angebotene Forderungen gegen einzelne Kunden der Firma dieser gegenüber die selbstschuldnerische Bürgschaft zu übernehmen. Macht die Bank im Interesse der Firma von diesem Recht Gebrauch, so ist sie sich schon jetzt mit der Firma darüber einig, daß diese Bürgerschaftsübernahme mit Übersendung einer Gutschriftsanzeige erklärt wird, auf der ein Vermerk „Bürgschaft" angebracht ist. Mit Eingang einer derartigen Gutschriftsanzeige bei der Firma hat sich die Bank durch die der Anzeige zugrunde liegende Gutschrift aus ihrer Bürgschaftsverpflichtung befreit.

Nr. 35 Da durch die im ersten Absatz erwähnte Zahlung aus der Bürgschaft die Forderungen gegen die betreffenden Kunden der Firma auf die Bank kraft Gesetzes übergehen, wird die Bank den Forderungseinzug entsprechend den Fälligkeiten durchführen."

So verständlich der Wunsch der Factoring-Unternehmen erscheint, an sich nicht „factorfähige", weil einem Abtretungsverbot unterliegende Forderungen zu finanzieren, umso mehr muß vor Wegen gewarnt werden, die geeignet sind, das Factoring-Verfahren in den betroffenen Wirtschaftskreisen zu diskreditieren. Es ist wohl richtig, daß es zum Wesen der Bürgschaft nicht gehört, daß zwischen dem Bürgen und dem Hauptschuldner (hier: dem Factor und dem Abnehmer) Rechtsbeziehungen bestehen[50], wenngleich im Normalfall auch der Bürge vom Hauptschuldner „gestellt" wird. Dennoch bestehen, im Gegensatz zur Auffassung von Kersting[51], schon Bedenken gegen die Überleitung der Forderung aus § 774 BGB, da es bei dieser Form einer „aufgedrängten Bürgschaft" nicht möglich sein kann, daß ein rechtsgeschäftlich vereinbartes Verbot der Forderungsabtretung durch die cessio legis des § 774 BGB umgangen wird. Es darf bei dieser Konstruktion nämlich nicht übersehen werden, daß die Bürgschaftsübernahme durch den Factor nicht nur ohne Wissen, sondern vielmehr gegen den ausdrücklichen Willen des Abnehmers erfolgt. Außerdem läßt sich aus den §§ 412, 399 BGB herleiten, daß ein vertragliches Abtretungsverbot nicht durch Übernahme einer Bürgschaft, also durch § 774 BGB umgangen werden darf. Kersting[52] kann jedoch darin gefolgt werden, wenn er den Rückgriffsanspruch des Factors beim Wissen beider Parteien um das Abtretungsverbot wegen Verstoßes gegen § 138 Abs. 1 BGB für nichtig hält.

---

[49] Wortlaut bei Schmitt, Das Factoring-Geschäft, S. 109 f.

[50] Vgl. Palandt-Gramm, Anm. 1 zu § 774; ebenso Anm. 1 h vor § 765.

[51] Umgehung von Abtretungsverboten, in ZGesKredW 1969, 95.

[52] Umgehung von Abtretungsverboten, in ZGesKredW 1969, 96.

Gewarnt sei an dieser Stelle auch vor dem Vorschlag, den Schmitt[53] für praktikabel hält. Danach soll der Kunde in seinen Allgemeinen Geschäftsbedingungen eine Klausel aufnehmen, wonach er sich das Recht zur Abtretung ausdrücklich vorbehält. Das Abtretungsverbot des Abnehmers auf der anderen Seite führt dann zu einem Dissens mit der Folge der Herbeiführung der allgemeinen Vorschriften des §§ 398 ff. BGB.

Praktikabel vielmehr erscheint auch hier wieder nur der Weg, eine gütliche Einigung mit dem Abnehmer zu versuchen und diesen zur Einsicht in die Gegebenheiten des Factoring-Geschäftes zu bewegen. Der Abnehmer könnte, insbesondere nach Anregung durch seinen Wirtschaftsverband, seine Allgemeinen Geschäftsbedingungen dahin modifizieren, daß er seine Bereitschaft erklärt, Abtretungsanzeigen von Factoring-Instituten ohne Anerkennung einer Rechtspflicht zu beachten[54]. Der Abnehmer könnte ferner gebeten werden, seine Zustimmung zur Abtretung zu erklären, während sich der Factor für diesen Fall damit einverstanden zeigt, Zahlungen an den Kunden als mit schuldbefreiender Wirkung geleistet anzuerkennen. Der Abnehmer kann, muß aber nicht an den Factor zahlen, dennoch gehört die Forderung dem Factor, und es werden organisatorische und finanzielle Risiken für den Abnehmer vermieden. Dieser letzte Weg wird offenbar von der Praxis schon beschritten[55].

3. Die Tätigkeit des Factors und das Rechtsberatungsgesetz

Das dritte Hemmnis für den Factor und seine Tätigkeit ist die Frage, ob seine Inkassotätigkeit nicht den Vorschriften des RBerG unterliegt. Gemäß Art. I § 1 RBerG darf die Einziehung fremder oder zur Einziehung abgetretener Forderungen geschäftsmäßig nur von Personen betrieben werden, denen dazu von der zuständigen Behörde eine Erlaubnis erteilt worden ist. Durch die „V. Verordnung zur Ausführung des Gesetzes zur Verhütung von Mißbräuchen auf dem Gebiete der Rechtsberatung vom 13. 3. 1938“[56] ist auch der geschäftsmäßige Erwerb von Forderungen zum Zwecke der Einziehung auf eigene Rechnung erlaubnispflichtig. Daß mit dieser Bestimmung nur Inkassoinstitute gemeint waren, ergibt sich nicht nur aus dem Zweck des RBerG, sondern auch

[53] Das Factoring-Geschäft, S. 18.

[54] Eine vergleichbare Regelung besteht bei Banken. Nach Art. 32 Abs. 1 ScheckG ist der Widerruf eines Schecks erst nach Ablauf der Vorlegungsfrist wirksam, die Banken sind erst danach zur Verweigerung der Einlösung verpflichtet. Dennoch ist es in der Praxis üblich, daß Banken den Widerruf schon innerhalb der Vorlegungsfrist beachten, vgl. BGHZ 35, 217.

[55] Vgl. von Karger, Rechtliche Überlegungen zum Factoring-Vertrag, in Handelsblatt Nr. 222 vom 17. 11. 1969, S. 16.

[56] Text bei Altenhoff - Busch - Kampmann, RBerG, S. 224.

aus einer AV des RJM vom 13. 7. 1940[57]. Schmitt weist darauf hin[58], daß die Factoring-Institute ihre Forderungen grundsätzlich nicht selbst eintreiben, sondern damit ihrerseits fremde Inkassobüros oder Vertragsanwälte beauftragen. Während Penzkofer-Täube[59] die Anwendung der V. VO zum RBerG auf Factoring-Unternehmen einschränkungslos verneinen, nahm das AG Buchloe in seinem Urteil vom 29. 5. 1968[60] eine Gleichstellung von Factoring und Inkassounternehmen an. Diese Meinung vertritt Quardt[61] ebenfalls, allerdings mit der Beschränkung auf das unechte Factoring. Einige Factoring-Unternehmen haben sich inzwischen die Erlaubnis nach dem RBerG erteilen lassen[62]. Sosehr dieses aus Gründen der Praktikabilität verständlich ist, sosehr erscheint die Forderung nach Erlaubniserteilung aus dem Grundgedanken des „Gesetzes zur Verhütung von Mißbräuchen auf dem Gebiet der Rechtsberatung" unverständlich.

VI. Die Verbreitung des Factoring-Systems in Deutschland

Factoring, dessen Anfänge in Deutschland gerade zehn Jahre zurückliegen, wird in der Bundesrepublik von mehr als zehn Gesellschaften betrieben, wie sich aus Anzeigen in einer Sonderausgabe des „Handelsblatt" vom 17. 11. 1969 ergibt. Sechs dieser Institute haben, so Schmitt[63], eine „gewisse Bedeutung" erlangt, darunter zwei, die zum Betriebe aller Bankgeschäfte zugelassen sind. Die Umsätze, die in Deutschland unter Beteiligung von Factoring-Gesellschaften getätigt werden, betragen nach einer Schätzung der Heller Factoring Bank AG in Mainz „mehr als DM 1 Milliarde"[64]. Das ist laut Aussage desselben Instituts[65] „kaum ein Bruchteil der möglichen und erreichbaren Umsätze". Heller schätzt die Höhe der in Deutschland insgesamt über Factoring abwickelbaren Umsätze auf DM 5 Milliarden[64].

Die zahlenmäßige Bedeutung des Factoring als Kreditsicherungsmittel wird deutlich, wenn man hört, daß der Anteil der inländischen Kunden, die der Heller AG das Delkredere-Risiko übertragen haben,

---

[57] Deutsche Justiz 1940, 823; Text bei Altenhoff - Busch - Kampmann, RBerG, S. 238.
[58] Kein Inkassobüro, in Volksw. Nr. 12 vom 23. 3. 1967, S. 444.
[59] Factoring und Rechtsberatungsmißbrauchsgesetz, in Betr. 1969, 315.
[60] Akt.-Z.: D 528/67, zitiert nach Penzkofer - Täube, Factoring und Rechtsberatungsmißbrauchsgesetz, in Betr 1969, 315.
[61] Ist Factoring fremde Rechtsbesorgung?, in JurBüro 1966, 813.
[62] Vgl. von Karger, Rechtliche Überlegungen zum Factoring-Vertrag, in Handelsblatt Nr. 222 vom 17. 11. 1969, S. 16.
[63] Das Factoring-Geschäft, S. 115.
[64] Vgl. Die Welt vom 6. 1. 1970.
[65] Im Geschäftsbericht für das Geschäftsjahr 1968.

allein im Geschäftsjahr 1969 von 16 % auf etwa 66 % angestiegen ist[64]. Im Archiv der Bank speichert ein Computer mittlerweile Bonitätsdaten von 120 000 Abnehmern, ein Anzeichen dafür, daß Factoring-Institute zunehmend in ihre Rolle als Mittel der Kreditsicherung hineinwachsen.

Gewisse Nachteile des Factoring-Verfahrens sollen nicht verschwiegen werden. So wird sich nicht jeder Unternehmer leichten Herzens entschließen können, seine gesamte Debitorenbuchhaltung „außer Haus" zu geben. Sollte es einmal zur Auflösung des Factoring-Vertrages kommen, können erhebliche organisatorische Schwierigkeiten der Wiedereingliederung in das Unternehmen entgegenstehen. Zwischen Factor und Kunde muß daher ein ähnliches Vertrauensverhältnis angestrebt werden wie zwischen „Hausbank" und Kunde.

Daß gewisse Forderungen vom Factor aus dem Kreditrisiko — unter vorheriger Benachrichtigung des Kunden — herausgenommen werden, steht der Einstufung von Factoring als Kreditsicherungsmittel bei näherer Betrachtung nicht entgegen, da der Kunde gewarnt wird und die Möglichkeit erhält, seine Geschäftsverbindung zu dem betreffenden Abnehmer entweder abzusichern oder aufzulösen. Ob eine gewisse Vernachlässigung der individuellen Behandlung der Abnehmer beim offenen Factoring ein Nachteil des Factoring-Verfahrens ist, kann dahingestellt bleiben, da die individuelle Behandlung im Zeichen zunehmender Massenumsätze auch bei anderen Bankgeschäften mehr und mehr erschwert wird.

Zweiter Abschnitt

Zwangsvollstreckung durch Private

§ 8 Die Realisierung von Forderungen durch staatliche Institutionen

Selbst das perfekteste Kreditsicherungssystem — insbesondere durch die Kombination mehrerer der im Ersten Abschnitt genannten Kreditsicherungsmittel — wird nur erreichen können, dem Gläubiger ein gewisses Maß an Sicherheit dafür zu bieten, mit seiner Forderung zum Zuge zu kommen. Eine absolut wirksame Sicherung wird es nicht geben können, nicht zuletzt deshalb, weil eine Bereitschaft zum Risiko geradezu zum Wesen unternehmerischer Betätigung gehört.

Es kann daher jeder Gläubiger einmal in die Lage kommen, seiner Forderung „hinterherlaufen" zu müssen, will er sie nicht ganz aufgeben.

I. Das streitige Verfahren

Für das bürgerliche Streitverfahren im allgemeinen, also auch für die hier in erster Linie interessierenden vermögensrechtlichen Streitigkeiten im besonderen, hat der Staat schon frühzeitig seinen Justizapparat zur Verfügung gestellt, dessen Verfahrensablauf seit 1877 durch die Zivilprozeßordnung geregelt wird.

1. Die Prozeßdauer

Eines der entscheidenden Kriterien für die Brauchbarkeit und Praktikabilität einer Verfahrensordnung — und damit für das Ansehen, das sie bei den Rechtssuchenden genießt — ist sicher die Frage, innerhalb welchen Zeitraums dem Kläger zu seinem Recht verholfen werden kann. Es kann bis zur wirtschaftlichen Wertlosigkeit einer Forderung führen, wenn deren Durchsetzung unter Zuhilfenahme staatlicher Institutionen erst nach vielen Monaten oder gar einigen Jahren möglich ist.

Daß dieses keine Forderung unserer Tage oder gar nur unserer Rechtsordnung ist, mag das Wort des französischen Moralisten Jean de La Bruyère beweisen: „Une circonstance essentielle à la justice, c'est de la faire promptement et sans différer; la faire attendre, c'est injustice“[1].

Bei Baumbach-Lauterbach[2] findet man das Bedenken, der Forderung La Bruyères sei durch die ZPO nicht entsprochen worden, weil sie auf die Dauer mehr Begeisterung bei den Rechtsgelehrten als bei den „Nächsten dazu“, dem rechtsuchenden Publikum, geweckt habe. In ihrer Form von 1877 sei die ZPO ein „geradezu ideales Werkzeug der Prozeßverschleppung“ gewesen.

So überrascht es nicht, daß man schon sehr frühzeitig begann, das Verfahren den praktischen Lebensbedürfnissen besser anzupassen. Ein großer Teil der Novellierungen in der Vergangenheit diente dem Ziel der Beschleunigung[3]. Auch heute steht der Wunsch nach Beschleunigung im Vordergrund aller Reformbemühungen, insbesondere im Bereich des Erkenntnisverfahrens. In dem „Entwurf eines Gesetzes zur Änderung der Zivilprozeßordnung (Beschleunigungsnovelle)“[4] wird ausdrücklich Bezug genommen auf die Begründung zum Entwurf einer Zivilprozeßordnung aus dem Jahre 1931, wo es hieß:

„Wer sich Mühe gibt, die Meinung der Rechtsuchenden über unsere Rechtspflege zu hören, wird feststellen müssen, daß in allen Volkskreisen ein verzögerter Rechtsgang mit tiefer Verbitterung, fast wie eine Rechtsverweigerung empfunden wird und der Volkstümlichkeit unserer Rechtspflege den schwersten Schaden zufügt[5].“

Dies gelte, so fährt die Begründung fort, heute wie damals.

In den vergangenen Jahren hat sich die Tendenz zu seiner Verlängerung der Prozeßdauer weiter verstärkt. Aus den Geschäftsübersichten der Landesjustizverwaltungen ergibt sich, daß der Anteil der durch Urteil entschiedenen Prozesse, die länger als sechs Monate anhängig waren, bei den Amtsgerichten von 24,7 % im Jahre 1957 über 28,7 % im Jahre 1961 auf 32,7 % im Jahre 1965 und bei den Landgerichten von 52,3 % im Jahre 1957 über 54 % im Jahre 1961 auf 62,1 % im Jahre 1965 angestiegen ist[6].

Eine detaillierte Aufschlüsselung des Senators für Justiz über die Dauer der Prozesse im Bereich des Landes Berlin läßt erkennen, daß sich auch in allerletzter Zeit eine Veränderung der Situation nur in geringfügigem Umfang ergeben hat. Von den im Jahre 1968 durch

---

[1] Vgl. den Vorspruch beim Baumbach-Lauterbach, ZPO.

[2] ZPO, Einl. S. 1.

[3] Vgl. dazu die geschichtliche Darstellung bei Baumbach - Lauterbach, ZPO, Einl. S. 1 ff.

[4] Stand vom 1. 10. 1967, maschinenschriftlich vervielfältigt.

[5] Beschleunigungsnovelle, Begründung S. 5; Bender, Beschleunigt die Beschleunigungsnovelle, in ZRP 1969, 58.

[6] Zahlenangabe nach Beschleunigungsnovelle, Begründung S. 3.

streitige Urteile in gewöhnlichen Prozessen insgesamt erledigten 2 029 (1. Halbjahr 1969: 1 251) Verfahren waren nur 46,3 % (1. Halbjahr 1969: 46,5 %) weniger als sechs Monate, immerhin noch 21,1 % (1. Halbjahr 1969: 25,2 %) länger als ein Jahr anhängig. Von den insgesamt 635 (1. Halbjahr 1969: 323) beim Kammergericht anhängig gewesenen Berufungsverfahren in gewöhnlichen Prozessen konnten im Jahre 1968 nur 35,3 % (1. Halbjahr 1969; 33,8 %) innerhalb von sechs Monaten ihre Erledigung durch streitiges Urteil finden. Da etwa 46 % der streitigen landgerichtlichen Endurteile mit der Berufung angefochten werden, was eine erneute erhebliche Verzögerung für den Rechtsuchenden mit sich bringt, wird die Unzufriedenheit mit der Rechtspflege immer verständlicher[7]. Eindrucksvoll ist in diesem Zusammenhang das von Stötter[8] mitgeteilte Urteil des BGH[9], mit dem am 30. 3. 1967 über einen Auskunftsanspruch eines Aktionärs bezüglich einer im Jahre 1960 (!) stattgefundenen Hauptversammlung entschieden wurde.

Für denjenigen, der sich durch die erhebliche Dauer der Prozesse in seiner Rechtsverfolgung behindert fühlt, ist es müßig, nach den Gründen für diesen bedauerlichen Zustand zu suchen. Diese Ursachen festzustellen, muß jedoch Aufgabe derjenigen sein, denen es obliegt, Vorschläge zur Überwindung der Misere zu machen. Es würde sich dabei herausstellen, daß nur ein Teil der Verzögerungsursachen auf einer unzulänglichen Verfahrensordnung beruht, ein anderer Teil jedoch im Bereich der Justiz auf unzulänglicher personeller und technischer Ausstattung des Gerichtsapparats, im Bereich der Rechtsanwaltschaft auf unzureichender Bearbeitungsdisziplin oder fehlender Büroorganisation[10].

2. Das „Stuttgarter Modell"

Darüberhinaus darf nicht übersehen werden, daß die ZPO selbst in ihrer heutigen Form durchaus Möglichkeiten bietet, den Verfahrensablauf zu beschleunigen, wenn, und das scheint dafür unabdingbare Voraussetzung zu sein, eine enge Zusammenarbeit zwischen Rechtsanwalt und Richter erreicht werden kann. Hier hat Bender mit seinem „Stuttgarter Modell" einen Anfang gemacht. Bender hält die Prinzipien der Zivilprozeßordnung für „heute noch so modern wie vor 90 Jahren"[11], er verneint daher die Notwendigkeit einer neuen ZPO. Bender sieht die mündliche Verhandlung als Kernstück eines jeden Zivilprozesses an und setzt dieses in die Praxis um. Er macht Ernst mit der Forderung

---

[7] Zahlenangabe nach Beschleunigungsnovelle, Begründung S. 28.
[8] Lange Prozeßdauer und ihre Ursachen, in NJW 1968, 521.
[9] NJW 1967, 1462.
[10] Vgl. Redeker - Seeliger, Beschleunigung des Zivilprozesses, in ZRP 1969, 108.
[11] Bender, Beschleunigt die Beschleunigungsnovelle, in ZRP 1969, 58.

des § 272 b ZPO, wonach „der Rechtsstreit tunlichst in einer mündlichen Verhandlung erledigt“ werden soll, was in 80 bis 85 % aller nach dem „Stuttgarter Modell“ verhandelten Streitigkeiten der Fall ist[12]. Bei diesem Versuch der Beschleunigung im Rahmen konsequenter Anwendung der ZPO wird jedem der am Verfahren Beteiligten ein hohes Maß an Verantwortung dafür auferlegt, den Prozeß innerhalb kurzer Frist durch eigenes Handeln voranzutreiben. Tut er das nicht, so muß er die Nachteile verspäteten Vorbringens in Kauf nehmen[13]. Der Verfahrensablauf ist so angelegt, daß alle Streitfragen, die nach den vorbereitenden Schriftsätzen ungeklärt geblieben sind, in der mündlichen Verhandlung zu erörtern sind, gegebenenfalls unter Zuhilfenahme von Zeugenvernehmungen und Sachverständigengutachten[14]. Immerhin ist bei dem von Bender praktizierten Verfahren erreicht worden, daß 90 % aller streitigen Urteile in vermögensrechtlichen Sachen innerhalb von sechs Monaten — die meisten innerhalb von 3½ Monaten — durch Urteil entschieden werden konnten, wobei sich gezeigt hat, daß die Zahl der Berufungen gegen diese Urteile geringer ist als beim herkömmlichen Verfahren. Etwa 15 bis 20 Zivilkammern an deutschen Landgerichten wenden mittlerweile das „Stuttgarter Modell“ an[15].

Die von Bender geschilderten Erfahrungen scheinen in der Tat darauf hinzudeuten, daß auch die noch geltende Fassung der ZPO ein schnelles Verfahren gewährleisten kann. Sicher ist nur, daß sie dieses nicht zwingend genug vorschreibt[16].

3. Die Beschleunigungsnovelle

Nunmehr zwingende Vorschriften für die Beschleunigung des Verfahrens zu schaffen, gehört zur Hauptaufgabe der Zivilprozeß-Reform. Der Entwurf hat sich zum Ziel gesetzt, „eine bessere Vorbereitung der mündlichen Verhandlung zu erreichen, die Zurückweisung verspäteten Vorbringens zu erleichtern und die Vertagung zu erschweren“[17]. Die Verfasser des Entwurfs haben nicht übersehen, daß zwischen dem Streben nach größtmöglicher Wahrheitsfindung einerseits und Beschleunigung andererseits ein Konflikt fast zwangsläufig entstehen muß, sie haben sich dennoch mit guten Gründen für die Beschleunigung entschieden, was ihnen den Beifall von Habscheid[18], jedoch — zum

[12] Bender, Beschleunigt die Beschleunigungsnovelle, in ZRP 1969, 58 f.
[13] Vgl. § 272 a ZPO.
[14] Vgl. zu den Einzelheiten des Verfahrens Bender, Die Hauptverhandlung in Zivilsachen, DRiZ 1968, 163 ff.
[15] Vgl. das Spiegel-Gespräch mit Bender über die Zivilprozeß-Reform, Der Spiegel Nr. 8 vom 16. 2. 1970, S. 36 ff.
[16] So auch Deubner, Über Maßnahmen zur Beschleunigung des Zivilprozesses, in ZZP 82 (1969), 258, Fußn. 4.
[17] Beschleunigungsnovelle, Begründung S. 14.
[18] Richtermacht oder Parteifreiheit, in ZZP 81 (1968), 175.

Teil heftige — Kritik von Lancelle[19] und vom Deutschen Anwaltverein[20] eingetragen hat. Ausdrücklich wird in dem Entwurf[21] eingeräumt, daß die Präklusion — bei nunmehr zwingend gebotener Zurückweisung verspäteter Angriffs- und Verteidigungsmittel[22] — zur Folge haben könne, daß zu Lasten einer säumigen Partei eine Entscheidung ergeht, die von der materiellen Rechtslage abweicht. Dies werde jedoch im Interesse eines zügigen Verfahrensablaufes grundsätzlich in Kauf genommen.

Mit erfreulicher Deutlichkeit wird in dem Entwurf[23] schließlich ausgesprochen, daß es im Zivilprozeß nicht nur auf Wahrheitsfindung um jeden Preis ankomme, sondern auch darauf, den Rechtsfrieden in angemessener Frist wieder herzustellen, da es für den einzelnen unzumutbar sei, über ihm von Rechts wegen zustehende Vermögenswerte erst nach Jahren verfügen zu können. Die Parteifreiheit dürfe nicht so weit gehen, die Neigung säumiger Schuldner zu stärken, es auch in aussichtslosen Fällen auf einen Rechtsstreit ankommen zu lassen. Wörtlich fährt der Entwurf[24] fort: „Droht dem Schuldner der wirtschaftliche Zusammenbruch, so wiegt auch ein noch so großes Kostenrisiko die Aussicht nicht auf, die Verurteilung hinauszuzögern und dadurch ein langes Zahlungsziel erzwingen zu können. Hinzu kommt die oft berechtigte Hoffnung, daß der Gegner, um in absehbarer Zeit wenigstens zu einem Teil seines Geldes zu kommen, sich vergleichsweise zu einer sachlich nicht gerechtfertigten Ermäßigung seiner Forderung bereitfinden werde."

Die gerade hiergegen gerichteten Bedenken der Rechtsanwaltschaft[25] erscheinen nicht recht verständlich, da der Grundsatz der Parteiherrschaft dort seine Grenze finden muß, wo die Belange der Allgemeinheit, wie hier das Ansehen der Rechtspflege in der Öffentlichkeit, höherwertig sind. Auch im Versäumnisverfahren (§§ 330 ff. ZPO) hat man es hingenommen, daß gegebenenfalls ein Urteil ergeht, welches mit der Forderung nach vollständiger Wahrheitsfindung nicht zu vereinbaren ist.

Geradezu unverständlich erscheint es, wenn das Ziel „Prozeßbeschleunigung" in der Stellungnahme zum „Entwurf eines Gesetzes zur Änderung der Zivilprozeßordnung" von der Anwaltschaft[26] bejaht, einer der häufigen Verzögerungsgründe jedoch, der Verzicht auf ein

---

[19] Richtermacht oder Parteifreiheit, in NJW 1968, 1959.
[20] Stellungnahme, in AnwBl. 1968, 334.
[21] Beschleunigungsnovelle, S. 22 f.
[22] Beschleunigungsnovelle, § 280.
[23] Beschleunigungsnovelle, Begründung S. 4 ff.
[24] Beschleunigungsnovelle, Begründung S. 6.
[25] Stellungnahme, in AnwBl. 1968, 337.
[26] Stellungnahme, in AnwBl. 1968, 335.

Versäumnisurteil gegen einen nicht erschienenen, anwaltlich vertretenen Gegner, nicht beseitigt wird. Gemäß § 15 der Grundsätze des anwaltlichen Standesrechts ist es noch immer „unzulässig", gegen eine von einem Kollegen desselben Landgerichtsbezirks vertretene Partei ein Versäumnisurteil zu erwirken, wenn dies nicht rechtzeitig vorher angedroht ist.

Die Beschleunigungsnovelle hat sich erfreulicherweise das weitere Ziel gesetzt, dem Gläubiger auch dadurch zu einer schnelleren Verwirklichung seines Anspruchs zu verhelfen, daß die Zwangsvollstreckung aus nicht rechtskräftigen Urteilen der ersten Instanz erleichtert wird[27]. Diese Erleichterung wird voraussichtlich zu einer Entlastung der Rechtsmittelgerichte führen, weil der Schuldner, dem es durch die Einlegung eines Rechtsmittels nur darauf ankommt, einen Zahlungsaufschub zu erhalten, von einem Rechtsbehelf absehen wird, wenn der Anspruch des Gläubigers bereits — wenn auch nur vorläufig — verwirklicht ist.

II. Das gerichtliche Mahnverfahren

Nun bietet die ZPO neben dem gewöhnlichen Zivilprozeß mit dem Mahnverfahren (§§ 688 ff. ZPO) eine weitere, nach dem Willen und der Vorstellung des Gesetzgebers einfache Verfahrensart, um zu einem für die Zwangsvollstreckung unerläßlichen Vollstreckungstitel zu kommen.

Von dieser Möglichkeit wird sehr zahlreich Gebrauch gemacht. So wurden im Jahre 1968 in der Bundesrepublik einschließlich West-Berlin 4 063 954 Zahlungsbefehle beantragt; im Jahre 1967 waren es 4 412 249[28]. Allein im Bereich der Amtsgerichte des Landes Berlin wurden im Jahre 1969 146 841 Mahnverfahren registriert; 142 939 waren es im Jahre 1968, während die Zahl im Jahre 1967 — wahrscheinlich konjunkturbedingt — sogar 150 135 betrug[29].

1. Die Mängel des Mahnverfahrens

Es hat sich gezeigt, daß sich der Grundgedanke des gerichtlichen Mahnverfahrens als einer Verfahrensart, bei der es voraussichtlich keiner Streitentscheidung bedarf, grundsätzlich durchaus bewährt hat. Aus einer vom Senator für Justiz herausgegebenen — unveröffentlichten — Übersicht über den Geschäftsanfall bei den Berliner Gerichten ergibt sich nämlich, daß von den 142 939 im Jahre 1968 registrierten

---

[27] Beschleunigungsnovelle, Begründung S. 44.

[28] Statistisches Jahrbuch für die Bundesrepublik Deutschland 1969, S. 101.

[29] Übersicht in ABl. Bln. 1970, 422.

Mahnverfahren nur 15 102 zu einem gewöhnlichen Prozeß vor den Amtsgerichten und 1 750 vor dem Landgericht Berlin geführt haben. Mit anderen Worten wurden also etwa 88 % aller Mahnverfahren als solche erledigt, ohne als gewöhnliche Zivilprozesse weitergeführt zu werden.

Allerdings hat die Praxis auch bewiesen, daß das gerichtliche Mahnverfahren nicht in allen Fällen in der Lage ist, dem Anspruch des Gläubigers auf rasche Erlangung eines Vollstreckungstitels zu genügen. Die Mängel in der praktischen Handhabung des gerichtlichen Mahnverfahrens sind eindrucksvoll von Förschler[30] dargestellt worden. Er sieht die Hauptursachen in gerichtsorganisatorischen Unzulänglichkeiten. Jedes einzelne Mahnverfahren bringe mit der Vielzahl einzelner Schriftstücke — wie Zustellungsurkunden, Anträge auf Erteilung von Vollstreckungsbefehlen, Widersprüche, einzelne Rückfragen oder Beschwerden — täglich Tausende von Posteingängen in die Gerichte, so daß die notwendige Sortierarbeit und Bearbeitung nicht mehr bewältigt werden könne. Insbesondere führten häufig „Großaufträge" von Ratenzahlungsgeschäften oder Buchgemeinschaften mit mehreren tausend Mahnsachen — etwa zum Jahresende zwecks Unterbrechung der Verjährung — dazu, daß die Tätigkeit der Mahnabteilungen der Gerichte für alle übrigen, teilweise dringenden Arbeiten wochenlang blockiert sei.

Häufig genug müssen Gläubiger erleben, daß ihre Gesuche um Erlaß eines Zahlungsbefehls noch nach Wochen oder sogar Monaten nicht erledigt sind. Hier könnte der Gesetzgeber durchaus Abhilfe schaffen. Es ist nicht einzusehen, warum die Widerspruchsfrist des § 692 ZPO keine Ausschlußfrist ist, warum der Schuldner in einer Verfahrensart, die bewußt zur Beschleunigung geschaffen wurde, noch so lange Widerspruch einlegen kann, bis der Vollstreckungsbefehl (§ 694 Abs. 1 ZPO) verfügt ist. Es ist nicht einzusehen, warum in der Praxis vielfach noch immer nicht der Antrag auf Vollstreckungsbefehl für den Nichtwiderspruchsfall mit dem Gesuch um Erlaß eines Zahlungsbefehls in *einem* Antrag verbunden werden kann[31]. Es ist nicht einzusehen, warum bei diesem auf Vereinfachung und Beschleunigung angelegten Verfahren der Vollstreckungsbefehl nicht nach einer gewissen Frist nach Zustellung des Zahlungsbefehls von Amts wegen verfügt wird, wobei dem Schuldner, um unbillige Härten zu vermeiden, noch immer Wiedereinsetzung in den vorigen Stand gewährt werden könnte.

---

[30] Kann das gerichtliche Mahnverfahren seine Aufgaben noch erfüllen?, in JZ 1969, 103.

[31] Vgl. für den Stand der Meinungen Förschler, Kann das gerichtliche Mahnverfahren seine Aufgaben noch erfüllen?, in JZ 1969, 104, Fußn. 6.

2. Überlegungen zur Vereinfachung des Verfahrens

Diese Vereinfachungen würden das gerichtliche Mahnverfahren für die Bearbeitung durch elektronische Datenverarbeitung geeignet machen, wie es von Stötter[32] und Förschler[33] vorgeschlagen wird. Wenn es heute Gläubiger und sogar Rechtsanwälte gibt, die Anträge auf Erlaß eines Zahlungsbefehls mittels elektronischer Datenverarbeitungsanlagen ausdrucken[34], so müßten ähnliche Programme auch für die Justiz erstellt werden und „computergerechte" Formularvordrucke geschaffen werden können. Die Bearbeitung gerichtlicher Mahnverfahren mit allen dazu notwendigen Geschäftsvorfällen läßt nur in seltenen Fällen Rechtsfragen auftauchen; die Vielzahl gleichartiger, verfahrenstechnischer Vorgänge birgt keine Probleme, die nicht durch den Einsatz elektronischer Datenverarbeitung gelöst werden könnten.

Voraussetzung für den rentablen Einsatz aufwendiger Maschinen ist jedoch eine gewisse Größe des jeweiligen Amtsgerichts, eine Tendenz, die heute zunehmend verfolgt wird. Wo die optimale Größe liegt, dürfte lediglich ein kalkulatorisches Problem sein. Förschler[35] schlägt vor, am Sitz der Oberlandesgerichte oder jedenfalls der Landgerichte für deren jeweiligen Zuständigkeitsbereich zentrale „Mahnämter" zu schaffen. Für diesen Vorschlag spricht, daß Spezialisierung und Rationalisierung durch Einsatz von elektronischen Datenverarbeitungsanlagen möglich werden, denn es darf nicht Folge der Technisierung werden, daß der Gläubiger bei einem mit Organisationsmitteln gut ausgestatteten Großstadt-Amtsgericht schneller „bedient" wird als „auf dem Lande".

Der Versuch, eine Rationalisierung des Geschäftsablaufes bei gerichtlichen Mahnverfahren auch beim jetzigen Gesetzeszustand zu erreichen, wird z. Zt. in Berlin durch eine „Arbeitsgruppe Rationalisierung" unternommen[36]. Leitlinie für deren Tätigkeit soll gemäß einer Anordnung des Senators für Justiz die Forderung sein, „daß der Bürger nicht nur einen Anspruch darauf hat, sein Recht zu bekommen, er soll es auch möglichst schnell bekommen und nicht ungebührlich lange warten".

Wenn es gelänge, das gerichtliche Mahnverfahren durch Vereinfachung des Verfahrens und durch Einsatz von technischen Hilfsmitteln zu beschleunigen, könnte diese Verfahrensart wieder uneingeschränkt

---

[32] Lange Prozeßdauer und ihre Ursachen, in NJW 1968, 524.

[33] Kann das gerichtliche Mahnverfahren seine Aufgaben noch erfüllen?, in JZ 1969, 104.

[34] Wie es der Vertragsanwalt der Firma Kommerz-Inkasso, Rietberg, tut.

[35] Kann das gerichtliche Mahnverfahren seine Aufgaben noch erfüllen?, in JZ 1969, 105.

[36] Die Welt Nr. 81 vom 8. 4. 1970, S. 9.

die Rolle spielen, die ihr vom Gesetzgeber zugewiesen war: dem Gläubiger rasch und einfach zu einem Vollstreckungstitel zu verhelfen.

3. Andere Zuständigkeiten für das gerichtliche Mahnverfahren

Einen anderen Weg weisen die „Vorschläge des Deutschen Gerichtsvollzieher Bundes zur Reform der Zivilgerichtsbarkeit". Hier soll dem eigentlichen Mahnverfahren ein dem französischen Recht nachempfundenes „Abwendungsverfahren" durch den Gerichtsvollzieher mit dem Zweck vorausgehen, den Schuldner durch den Druck der Einschaltung eines Gerichtsvollziehers auch ohne Vollstreckungstitel zur Zahlung — mindestens zu Ratenzahlungen — zu bewegen[37]. So bestechend dieses Verfahren auf den ersten Blick erscheinen mag, erscheint die praktische Durchführbarkeit höchst zweifelhaft. Es ist nicht einzusehen, warum ein Schuldner, der in der Regel mehrere Mahnungen des Gläubigers unbeachtet ließ, allein durch die Einschaltung eines Gerichtsvollziehers zahlungsbereiter werden soll. Im Gegenteil ist eine weitere, unerwünschte Verzögerung des Verfahrens zu befürchten.

Die Vorschläge des Gerichtsvollzieher Bundes beschränken sich darüberhinaus im wesentlichen darauf, Zahlungsbefehle zukünftig nicht mehr durch die Amtsgerichte, sondern durch die Gerichtsvollzieher zu erlassen[38]. Weder aus der Begründung noch aus sonstigen Überlegungen lassen sich einleuchtende Gründe dafür finden, warum diese Zuständigkeitsänderung der Vereinfachung und Beschleunigung des Mahnverfahrens dienen soll. Wahrscheinlicher ist, daß eine Zersplitterung der Zuständigkeit in kleinere Bereiche der konzentrierten Abwicklung im Wege steht, abgesehen davon, daß der anzustrebende Einsatz elektronischer Datenverarbeitungsanlagen nicht mehr möglich wäre. Da nach den „Vorschlägen"[39] auch in Zukunft der Widerspruch gegen den Zahlungsbefehl beim Amtsgericht erhoben werden soll, müßte das Amtsgericht dem Gerichtsvollzieher unverzüglich den Eingang des Widerspruchs mitteilen[40]. Der Gerichtsvollzieher hätte seine Akten an das Amtsgericht abzugeben. Wenn nun die Mitteilung des Amtsgerichts über den erhobenen Widerspruch verzögert erfolgt, könnte es passieren, daß der Gerichtsvollzieher zwischenzeitlich einen Vollstreckungsbefehl erlassen[41] und mit Vollstreckungshandlungen begonnen hat.

---

[37] Vorschläge S. 9, Entwurf und Begründung zu § 687 a.

[38] Vorschläge S. 11, Entwurf und Begründung zu § 689.

[39] S. 9, Entwurf und Begründung zu § 694.

[40] So auch die Vorschläge S. 16, Entwurf und Begründung zu § 695.

[41] Diese Befugnis soll dem Gerichtsvollzieher nach den „Vorschlägen", S. 11, zustehen.

Die Reformvorschläge des Deutschen Gerichtsvollzieher Bundes erscheinen nicht als geeignet, die dem Ablauf des gerichtlichen Mahnverfahrens anhaftenden Mängel zu beseitigen.

III. Das Vollstreckungsverfahren

Sowohl bei der Beschleunigungsnovelle als auch bei der Verbesserung der Praxis des gerichtlichen Mahnverfahrens geht es, wie dargestellt, darum, dem Gläubiger möglichst rasch und einfach zu einem vollstreckbaren Titel zu verhelfen.

Aber alle Bemühungen, die sich darauf beschränken, nützen dem Kreditgeber nichts, wenn es nicht gleichzeitig gelingt, eine schnellere und wirkungsvollere Vollstreckung aus Vollstreckungstiteln zu erreichen.

Welcher Kreditgeber hat es nicht schon erlebt, daß ihm der Gerichtsvollzieher — kostenpflichtig — eine Bescheinigung über die Fruchtlosigkeit der Pfändung übersendet. Nach Wochen gelingt es, den Schuldner zur Leistung des Offenbarungseids zu laden. Im Termin erklärt er sich zu Ratenzahlungen bereit, so daß ihm die Eidesleistung erspart bleibt. Nach weiteren Wochen beginnt die Prozedur erneut, weil dem Gläubiger die angebotenen Raten im Verhältnis zur Schuldsumme nicht angemessen erschienen oder es der Schuldner unterlassen hat, die Ratenzahlungen wie vereinbart zu leisten.

Mit einigem Recht fühlen sich viele Gläubiger von ihren Schuldnern um ihr Geld „betrogen", wenn auch nicht im strafrechtlichen, so doch im moralischen Sinne. Mit demselben Recht wendet sich der Groll der Gläubiger gegen den Staat, der zwar — durch die Gerichtsvollzieher — ein Vollstreckungsmonopol hat, aber kein wirkungsvolles Vollstreckungsverfahren anbieten kann.

Diese Mängel liegen sicher zum Teil darin begründet, daß bei der Zwangsvollstreckung soziale Grenzen zu beachten sind. Das System des Achten Buches der ZPO ist dadurch gekennzeichnet, einen möglichst gerechten Ausgleich zwischen den Interessen des Gläubigers und denen des Schuldners zu finden. Die Intensität von Vollstreckungshandlungen müßte auch danach abgestuft werden, ob es sich um einen böswilligen, zahlungsunwilligen oder um einen gutwilligen, jedoch zahlungsunfähigen Schuldner handelt. Wer nur soll diesen Unterschied erkennen können[42]?

---

[42] Vgl. zu dem Konflikt Gläubigerinteresse — Schuldnerschutz die temperamentvollen Ausführungen von Kleybolte, Unser Zwangsvollstreckungs-

Auch für den Bereich der Zwangsvollstreckung gibt es eine Vielzahl von Gründen, die dazu geführt haben, daß die Klagen der Gläubiger über die Unwirksamkeit des Vollstreckungsverfahrens berechtigt erscheinen.

Einmal bewirkt auch hier die große Zahl von Geschäftsvorfällen, daß die Gerichte zu einem zügigen Verfahrensablauf organisatorisch nicht mehr in der Lage sind. Nach der schon mehrfach genannten Übersicht des Senators für Justiz hatten die Amtsgerichte des Landes Berlin im Jahre 1967 97 180 Vollstreckungssachen zu bearbeiten, deren Zahl — wohl ebenfalls konjunkturbedingt — im Jahre 1968 auf 94 447 und im Jahre 1969 weiter auf 92 951 Sachen zurückging[43]. Von den 92 951 Vollstreckungssachen des Jahres 1969 waren allein 49 291 Offenbarungseidsachen. Im gleichen Jahr wurden 8 559 Offenbarungseide geleistet und 21 225mal die Haft angeordnet.

Der Weiterentwicklung und Anpassung des Vollstreckungsrechts an die Bedürfnisse der Praxis steht in nicht seltenen Fällen eine „unangebrachte Förmelei“[44] der Rechtsprechung[45] entgegen, die wiederum ihre Ursache in dem stark durch Förmlichkeiten geprägten Gesetz haben mag.

Vielfach wird in der Diskussion um die Mängel des Zwangsvollstreckungssystems die Stellung der Gerichtsvollzieher in diesem System als Ursache angesehen[46]. Dabei gilt die (nach Landesrecht im wesentlichen einheitlich geregelte) Stellung als Beamter mit eigenem Bezirk, festem Gehalt und lediglich einem Anteil an den vereinnahmten Gebühren als Hindernis dafür, daß die Gerichtsvollzieher die Vollstreckungshandlungen nicht immer mit dem gebotenen Nachdruck vornehmen. Die Überlegungen gehen dahin, dem Gerichtsvollzieher ein einem Notar vergleichbares Amt als öffentlicher Gebührenbeamter zu übertragen, um damit Eigeninteresse und Verantwortungsbewußtsein zu fördern[47].

---

wesen, in NJW 1954, 1097, und Kleybolte, Gerichtsvollzieher — Staatsorgan oder Vertreter des Gläubigers?, in NJW 1954, 1469. Kleybolte verficht aus vorwiegend sittlich-moralischen Gründen die Gläubigerinteressen, so daß für einen Schuldnerschutz kein Raum bleibt. Insoweit kann ihm nicht gefolgt werden.

[43] Übersicht in ABl. Bln 1970, 422.

[44] So Baumbach-Lauterbach, ZPO, noch in der 27. Auflage, Anm. 8 vor § 704.

[45] Vgl. dazu die umfangreichen Nachweise bei Lintz, Die neuere Rechtsprechung zum Zwangsvollstreckungsrecht, in WM 1966, 294 und Pikart, Die neuere Rechtsprechung des Bundesgerichtshofs zum Zwangsvollstreckungsrecht, in WM 1968, 386.

[46] Vgl. Kierdorf, Dokumentation, zum Umfang dieser Diskussion.

[47] Kierdorf, Dokumentation, S. 9.

Eine Stellungnahme des Bundesministeriums der Justiz vom 23. 7. 1968[48] macht deutlich, daß das Recht der Zwangsvollstreckung eine umfassende Neuregelung erst dann erfahren soll, wenn die Neuordnung des Verfahrensrechts[49] abgeschlossen ist.

Diese Neuregelung muß versuchen, Gläubigern eine rasche und einfache Durchsetzung ihrer Rechte aus Vollstreckungstiteln zu ermöglichen, ohne den berechtigten Schuldnerschutz außer acht zu lassen.

§ 9 Die Umgehung staatlicher Institutionen

Nicht nur für den Bereich des vorbeugenden Kreditschutzes benutzen Kreditgeber private Organisationen als Kreditsicherungsmittel. Solche Organisationen sind auch aus dem Bestreben entstanden, den Mängeln des Zivilprozeßverfahrens und denen des langwierigen und umständlichen Vollstreckungsverfahrens zu begegnen.

I. Psychologische Druckmittel

Daneben konnten und können noch heute Versuche beobachtet werden, auf den Schuldner so massiven Druck auszuüben, daß dieser zahlt, ohne daß die Inanspruchnahme staatlicher Institutionen zur Erlangung eines Vollstreckungstitels oder zur Zwangsvollstreckung aus einem solchen Titel notwendig wäre. Daß hier bedenkliche Praktiken auftauchen können, leuchtet ein. Man ist versucht, diese Erscheinungsformen als „private Zwangsvollstreckung“ oder, wie Nothnagel[1], als „psychologische Execution“ zu bezeichnen, wobei Nothnagel in erster Linie den Druck wirtschaftlicher Organisationen zur Erzwingung wirtschaftlicher Leistungen gekennzeichnet haben will, der Begriff einer „privaten Zwangsvollstreckung“ also vielleicht umfassender ist.

Als ein solches Mittel „privater Zwangsvollstreckung“ erscheint häufig der Druck des Gläubigers auf den Schuldner durch Mahnungen, wobei eine Forderung wohl zu Grunde liegt, bei der Form und Inhalt der Mahnung jedoch in keinem Verhältnis zu dem angestrebten Zweck stehen. Dabei sind sogar Mahnungen auf offener Postkarte beobachtet worden, bei denen Formulierungen verwandt

---

[48] Gesch.-Z. 3760 — 11 498/68, abgedruckt bei Kierdorf, Dokumentation, S. 71.

[49] Gemeint ist offenbar die Beschleunigungsnovelle.

[1] Execution durch sociale Interessengruppen, S. 13.

wurden, die den Absender strafgerichtlicher Verfolgung aussetzen können[2].

Schriftliche Einwirkungen auf den Schuldner dürfen weder die Grenze zur Straftat noch die zur zivilrechtlich unerlaubten Handlung überschreiten, wobei für die Interessenabwägung im zweiten Fall die Auslegungsregeln des BGH[3] Beachtung finden müssen. Bei der Androhung, der Schuldner werde im Falle der Nichtzahlung einer Auskunftei oder einer Kreditschutzorganisation gemeldet werden, wird der Straftatbestand der Nötigung zu prüfen sein, wobei ein Ausgleich zwischen Gläubigerinteressen und Schuldnerschutz im Rahmen des § 240 Abs. 2 StGB erfolgen kann.

Eine andere Beurteilung ist auch nicht gerechtfertigt, wenn Gläubiger durch Brandmarkung des Schuldners in der Öffentlichkeit eine „private Zwangsvollstreckung“ zu erreichen versuchen, etwa durch Androhung einer Presseveröffentlichung oder durch Ausbieten der Forderung in einer Zeitungsanzeige. Derartige Formen der Beeinflussung mögen früher häufiger zu beobachten gewesen sein, sie spielen heute jedoch keine Rolle mehr; dies hat wohl seinen Grund darin, daß Presseerzeugnisse weder an derartigen Berichten noch an diesbezüglichen Anzeigen interessiert sind. Die Abwägung des § 240 Abs. 2 StGB müßte wohl ergeben, daß ein solches Handeln als verwerflich anzusehen ist, weil der Gläubiger nicht nur die Erfüllung seiner Forderung, sondern auch eine Bloßstellung, Schädigung oder Vernichtung des Schuldners erreichen will. Ebenso wird man das Ausbieten einer Forderung in der Presse als „Übel“ im Sinne des § 240 Abs. 1 StGB ansehen müssen. Bei der Frage, ob ein solches Vorgehen verwerflich im Sinne des § 240 Abs. 2 StGB ist, erscheint eine Differenzierung angebracht: Den Schuldner, der sich bewußt böswillig und hartnäckig um die Erfüllung seiner Verpflichtungen drückt, wird man anders behandeln können als denjenigen, der unverschuldet in eine Notlage geraten und dadurch zahlungsunfähig geworden ist. Der selbst verwerflich Handelnde wird sich ein schärferes Vorgehen gefallen lassen müssen[4].

II. Zwangsvollstreckung durch Strafanzeige

Die gezeigten Unzulänglichkeiten der Zivilprozeßordnung veranlassen die Gläubiger zuweilen, es mit einer „Zwangsvollstreckung durch

---

[2] Vgl. §§ 185 ff. StGB.

[3] BGHZ 3, 270; 8, 142.

[4] Eine ähnliche Differenzierung wird auch von Löffler, PresseR, S. 346 f. und von Scheer, PresseR, S. 230 f. vorgenommen.

Strafanzeige“[5] zu versuchen. Sie erhoffen sich als Nebenfolge des Strafverfahrens die Erfüllung ihrer Forderung, sei es, daß der Schuldner wegen des nunmehr für ihn spürbar gewordenen Drucks — etwa durch eine polizeiliche Anhörung — zahlt, sei es, daß er durch die Zahlung eine Einstellung des Strafverfahrens nach § 153 StPO erhofft. Hier kann eine Abwägung nach § 240 StGB nicht mehr vorgenommen werden, da keine Drohung mehr vorhanden ist, so daß auch die vom BGH[6] vorgenommene Abgrenzung der strafwürdigen Nötigung von einer nicht zu mißbilligenden Willensbeeinflussung hier nicht stattfinden kann. Der Schuldner wird nur der Gefahr ausgesetzt, daß sein Verhalten in einem rechtlich geordneten Verfahren, welches die Verfolgung Unschuldiger weitgehend ausschließt, überprüft wird. Insoweit wird das Verhalten der Gläubiger nicht zu beanstanden sein. Sollte sich in dem Strafverfahren — etwa nach § 263 StGB — herausstellen, daß der Gläubiger den Schuldner wider besseres Wissen einer strafbaren Handlung bezichtigt hat, so setzt er sich seinerseits strafgerichtlicher Verfolgung nach § 164 StGB — unter Umständen mit der Folge einer Strafverschärfung nach § 164 Abs. 3 StGB — aus.

III. Zwangsvollstreckung durch Konkursantrag

Der Fall einer „Zwangsvollstreckung durch Konkursantrag“ liegt dem Urteil des BGH vom 3. 10. 1961[7] zu Grunde. Dort hatte ein Gläubiger den säumigen Schuldner aufgefordert, den Schuldbetrag von rund DM 94 000.— innerhalb einer bestimmten Frist bei Vermeidung eines Konkurseröffnungsantrages zu zahlen. Der Schuldner machte Einwendungen gegen die Höhe der Forderung geltend, zahlte seine Schuld jedoch bis auf eine Restschuld von rund DM 11 200.— ab. Wegen dieser Forderung stellte der Gläubiger Antrag auf Konkurseröffnung. Der Schuldner legte dem Amtsgericht einen Status vor, der Vermögenswerte in Höhe von rund DM 494 000.— auswies, und bezahlte die Schuld bis auf eine Restsumme von etwas mehr als DM 1 000.—. Daraufhin nahm der Gläubiger den Konkursantrag zurück. Die Schadensersatzklage (wegen Eingriffs in den eingerichteten und ausgeübten Gewerbebetrieb) hat der BGH mit der Begründung abgelehnt, daß derjenige, der sich zum Vorgehen gegen seinen Schuldner eines staatlichen, gesetzlich eingerichteten und geregelten Verfahrens bedient, auch dann nicht unmittelbar und rechtswidrig in den geschützten Rechtskreis des Schuldners eingreife, wenn sein Begehren (der Kon-

[5] So Koch, MDR 1964, 650.

[6] In BGHSt 5, 254.

[7] BGHZ 36, 18.

kursantrag) ungerechtfertigt sei und dem Schuldner aus dem Verfahren Nachteile erwüchsen. Den Schutz des Schuldners übernehme vielmehr, so fährt der BGH fort, das Verfahren selbst nach Maßgabe seiner gesetzlichen Ausgestaltung. Da im Konkursverfahren den §§ 717 Abs. 2, 945 ZPO vergleichbare Schadensersatzansprüche fehlten, sei es unzulässig, solche durch einen Rückgriff auf § 823 Abs. 1 BGB zu ersetzen. Dies gelte jedoch nicht für vorsätzliche Schadenszufügung.

Eine so rigorose Entscheidung, bei der nicht einmal eine Interessenabwägung vorgenommen wird, muß insbesondere deshalb überraschen, weil der BGH bei Eingriffen in den eingerichteten und ausgeübten Gewerbebetrieb eine solche Abwägung[8] früher selbst vorgenommen hat. Hier einen Unterschied deshalb machen zu wollen, weil im Falle eines ungerechtfertigten Konkursantrags eine Überprüfung in einem staatlichen Verfahren stattfindet, vermag nicht zu überzeugen. Baur[9] kritisiert daher auch die Nichtanwendung der in den §§ 717 Abs. 2, 945 ZPO enthaltenen allgemeinen Rechtsgedanken mit der Begründung, das vom BGH herangezogene Kriterium der Überprüfung in einem öffentlichen, staatlichen Verfahren betreffe in dem entschiedenen Fall nicht das Erkenntnisverfahren, sondern das Konkursverfahren als eine besondere Art von Vollstreckungsverfahren.

Dieser Ausschluß von Schadensersatzansprüchen wegen des „Rechtfertigungsgrundes einer Verfahrensinanspruchnahme" wird auch von Zeiss[10] und Hopt[11] kritisiert, während Hellwig[12] darauf abgestellt, ob bei einem Konkursantrag die Pflicht zu redlicher Prozeßführung verletzt wurde.

Offenbar rückt der BGH neuerdings von der Annahme eines besonderen Rechtfertigungsgrundes der „Inanspruchnahme des Gerichts" selbst — vorsichtig — ab, jedenfalls für den Bereich der Unterlassungsklage[13].

IV. Vereinbarung von Schiedsgerichten

Die Mängel des staatlichen Zivilprozesses haben inzwischen gewerbliche Unternehmen auf den Plan gerufen, die ein „privates Erkenntnisverfahren" in Deutschland einführen wollen. Um die Jahreswende

---

[8] In den Fällen BGHZ 3, 270 und BGHZ 8, 142.

[9] Anm. zum Urteil des BGH vom 3. 10. 1961 — VI ZR 242/60 — (BGHZ 36, 18), in JZ 1962, 95.

[10] Schadensersatzpflichten aus prozessualem Verhalten, in NJW 1967, 704 f.

[11] Schadensersatz aus unberechtigter Verfahrenseinleitung, S. 205.

[12] Schadensersatzpflichten aus prozessualem Verhalten, in NJW 1968, 1074.

[13] Vgl. BGHZ 38, 200.

1968/69 wurden in deutschen juristischen Fachzeitschriften Anzeigen mit folgendem Inhalt veröffentlicht[14]:

„Demnächst: Private Gerichtsbarkeit in Deutschland: Nach Vorbild eines US-Unternehmens stellt die zu gründende European Arbitrage Assoziation Deutschland GmbH KG = EAA — D kommerziell Schiedsgerichte zur Verfügung. Die Tätigkeit ist erlaubnisfrei nach § 2 Rechtsberatungsgesetz. Wir empfehlen uns besonders allen Unternehmungen, welche Abzahlungs- und Ratenvereinbarungen treffen sowie Teilzahlungs- und Kreditfinanzierungsinstituten.

Keine Überlastung der ordentlichen Gerichtsbarkeit und keine langwierige Wartezeit auf Terminfestsetzungen. EAA — D garantiert für einen vollstreckbaren Titel innerhalb von spätestens 4 Wochen (§ 1040 ZPO), dem modernen Geschäftsleben aufgeschlossene, unparteiische Richter (§ 1028 ZPO), eine zügige Verfahrensordnung (§ 1034 ZPO), geringe, vom Streitwert unabhängige Kosten, keine Vertretungsschwierigkeiten (auch Firmenvertreter, Beistände, Referendare etc.).

EAA — D will mit einem Schlage das Gebiet der ges. BDRp. mit Schiedsgerichten bedecken. Wir suchen Teilhaber, Mitarbeiter als Schiedsrichter, z. B. Rechtsanwälte, Firmen etc., die repräsentative Räume zur Durchführung von Verhandlungen zur Verfügung stellen können usw. Zuschriften mit Nachweis vorhandenen Barkapitals erbet. unt. . . .[15]."

Die angekündigten Praktiken müssen schwersten Bedenken begegnen. Es überrascht daher, daß diese bisher — soweit ersichtlich — nur von Kronstein[16] untersucht worden sind.

Man kann den Initiatoren dieses Verfahrens eine gewisse Bewunderung für das Entdecken einer Marktlücke nicht versagen; dennoch bleibt zu hoffen, daß derartige Schiedsgerichte der deutschen Wirtschaft und damit dem deutschen Rechtswesen erspart bleiben.

Aus der wiedergegebenen Ankündigung läßt sich etwa folgendes Verfahren herausschälen:

Die Unternehmen, an die sich die Anzeige wendet, also Teilzahlungsverkäufer und -banken, legen ihren Kunden Allgemeine Geschäftsbedingungen vor, in denen unter Beachtung auch der Formvorschrift des § 1027 ZPO eine Schiedsklausel vereinbart und von den Vertragsparteien unterschrieben wird[17]. Darin unterwerfen sich die Parteien für alle Streitigkeiten aus dem Vertrag dem von der EAA — D zur Verfügung gestellten Schiedsgericht. Gleichzeitig wird man auf das von der EAA — D geschaffene Schiedsverfahren Bezug nehmen, worin der

---

[14] Der folgende Text ist in Heft 52 der NJW vom 27. 12. 1968, S. VII, und gleichlautend in den folgenden Ausgaben erschienen.

[15] Es folgt eine Chiffre-Angabe.

[16] Private Gerichtsbarkeit in Deutschland?, in ZRP 1970, 10.

[17] Nach BGHZ 38, 163 ist der Form des § 1027 ZPO genüge getan, wenn sich die Schiedsklausel von dem Hauptvertrag „absetzt" und gesondert unterschrieben wird.

Gesellschaft gemäß § 1028 ZPO das Recht zur Ernennung eines Schiedsrichters zugestanden wird. Der Schiedsrichter hört die Parteien und ermittelt, soweit *er* das für notwendig hält. Der von der Gesellschaft versprochene Schiedsspruch kann also tatsächlich in der genannten Frist von vier Wochen zustande kommen. Der Gläubiger hätte damit den gewünschten Vollstreckungstitel, falls das Gericht den Schiedsspruch für vollstreckbar erklärt hat (§ 1042 ZPO).

Während das Schiedsgericht, wie es in den §§ 1025 ff. ZPO geregelt ist, vornehmlich zur Schlichtung von kaufmännischen Streitigkeiten gedacht ist und auch angewandt wird, dienen die von der EAA — D angebotenen Schiedsgerichte nur dazu, Abzahlungskäufer, also Endverbraucher, dem Schutz des ordentlichen Richters zu entziehen. Die geplanten Schiedsverträge wären also nach § 1025 Abs. 2 ZPO unwirksam, da sie durch Ausnutzung der wirtschaftlichen Überlegenheit des Verkäufers über den Abzahlungskäufer zustande kommen sollen und dem Verkäufer bei der Auswahl des Schiedsrichters ein Übergewicht zukommt. Wenn nämlich die EAA — D ihre Dienste einer Unternehmensgruppe anbietet, bleibt für Unparteilichkeit kein Raum mehr. Die Gewähr für die Unabhängigkeit und Unparteilichkeit muß aber bei einem Schiedsgericht gewährleistet sein, da es Rechtsprechung ausübt[18]. Die ordentlichen Gerichte müßten die Anträge auf Vollstreckbarkeit der Schiedssprüche nach § 1042 ZPO ablehnen und dieselben nach §§ 1042 Abs. 2, 1041 ZPO aufheben.

Kronstein[19] versucht darüber hinaus den Nachweis zu führen, daß die Tätigkeit der geplanten Gesellschaft als juristische Person mit dem RBerG unvereinbar sei. Seiner Auffassung jedoch, die GmbH & Co sei schon deshalb eine juristische Person, weil bei ihr die juristische Person der GmbH im Vordergrund stehe, kann nicht gefolgt werden. Schließlich hat sich die GmbH & Co im Rechtsleben ja gerade deswegen durchsetzen können, weil sie als Kommanditgesellschaft, also als Personalgesellschaft anerkannt wurde. Kronstein übersieht ferner, daß die Schiedsrichtertätigkeit nach Art. I § 2 RBerG erlaubnisfrei ist.

Da schon die Schiedsverträge jeder Wirksamkeit entbehren, kann die von Kronstein vorgenommene, mehr formale Prüfung der Vereinbarkeit der EAA — D mit dem RBerG unterbleiben[20].

Wenn man der Gesellschaft für ihre geplante Tätigkeit auf Grund der geschilderten Rechtslage schon eine aussichtslose Prognose stellen muß, bleibt zu hoffen, daß die erwähnten Anzeigen die einzige Spur

[18] So der BGH in NJW 1969, 750.
[19] Private Gerichtsbarkeit in Deutschland?, in ZRP 1970, 11.
[20] Erfahrungsgemäß gelingt es Gesellschaften dieser Art, durch Wechsel der Rechtsform oder Änderung der Satzung die Zulassung nach dem RBerG oder die Eintragung in das Handelsregister doch zu erreichen.

bleiben werden, die sie in Deutschland hinterlassen hat. Nach einer dem Verfasser von der Industrie- und Handelskammer zu Berlin gemachten Mitteilung sind in Berlin keine Versuche bekannt geworden, die Eintragung im Handelsregister anzustreben. Nachfragen von Kronstein[21] beim Bundesanzeiger und beim Amtsgericht Frankfurt blieben ebenfalls erfolglos.

§ 10 Zwangsvollstreckung durch Inkassoinstitute

Zu den Instituten, deren sich Gläubiger am häufigsten bedienen, um ihre Forderungen realisieren zu lassen, gehören die Inkassobüros. Die Verbreitung, die diese Unternehmen gefunden haben, ist teilweise in der Schwerfälligkeit und Umständlichkeit des staatlichen Vollstrekkungswesens begründet[1], teilweise aber auch darin, daß schon die Erlangung eines Titels dem Gläubiger bei der heutigen Ausgestaltung des Erkenntnisverfahrens und des gerichtlichen Mahnverfahrens zu langwierig erscheint. Während das Schwergewicht der Tätigkeit der Inkassobüros früher darin bestand, ausgeklagte, nicht einbringliche Forderungen beizutreiben[2], besteht die Hauptfunktion der ganz überwiegenden Anzahl der Institute heute darin, nicht ausgeklagte, vom Schuldner jedoch unbestrittene Forderungen geltend zu machen und einzuziehen. Insoweit betreiben sie ein vor- oder außergerichtliches Mahnverfahren.

I. Gründe für die Inanspruchnahme von Inkassoinstituten

Die Inanspruchnahme der Inkassoinstitute für diese Tätigkeit, die früher entweder vom Gläubiger selbst oder sogar von einem Rechtsanwalt übernommen wurde, hat überwiegend betriebswirtschaftliche Gründe. Die zur Durchsetzung von Einzelansprüchen geschaffenen Rechtsformen des bürgerlichen Rechts und des Zivilprozeßrechts können den Ansprüchen der Gläubiger, die Tausende von Außenständen aus Abzahlungs- und Versendungskäufen einzuziehen haben, nicht mehr genügen[3]. Die eigene Mahnabteilung des Unternehmens wäre ein erheblicher Kostenfaktor, sie müßte organisatorisch und personell hervorragend ausgestattet werden. Diese Kosten, die für die Geltend-

[21] Private Gerichtsbarkeit in Deutschland?, in ZRP 1970, 11, Fußn. 9.

[1] Bauer, Die Erstattungsfähigkeit der Inkasso-Vergütungen, in RWD 1969, 5.

[2] Daraus erklärt sich die Bezeichnung Inkasso für „Einkassieren".

[3] Siegert, Durchsetzung der Erstattungspflicht, in Betr 1965, 1767.

machung im Unternehmen des Gläubigers entstehen, können dem Schuldner im allgemeinen nicht in Rechnung gestellt werden. In der Regel sind auch Rechtsanwälte weder in der Lage noch auch bereit, die vorgerichtliche Mahnung derartiger Forderungen, die oft eine Höhe von DM 100.— nicht oder nicht wesentlich übersteigen, zu den Sätzen der BRAGebO zu übernehmen[4]. Außerdem können Inkassoinstitute gerade bei hartnäckigen, böswilligen Schuldnern mit einem stärkeren Druck arbeiten, als dies Rechtsanwälten auf Grund standesrechtlicher Rücksichten möglich ist.

Es geschieht schließlich nicht selten, daß Vertreter der Inkassobüros die Schuldner persönlich aufsuchen, um sie zur Zahlung zu bewegen, ein Verfahren, das von Rechtsanwälten gewiß nicht praktiziert wird, während es für die Inkassobüros vielfach ein „Geheimnis ihres Erfolges" ist.

Die von Schmidt[5] gegen die Übernahme des vorgerichtlichen Mahnverfahrens durch Inkassoinstitute gerichteten Bedenken vermögen nicht zu überzeugen. Für die einfache Mahnung ist die Tätigkeit eines Rechtsanwalts als eines Organs der Rechtspflege nicht notwendig. Es handelt sich in erster Linie um einen wirtschaftlich-organisatorischen Vorgang. Es mag Anwälte geben, die bereit und organisatorisch in der Lage sind, Massenaufträge zu übernehmen. Einzelne Bagatellfälle dagegen wird kaum ein Rechtsanwalt übernehmen wollen; und die Bearbeitung von Massenaufträgen durch einen Rechtsanwalt ließe diesen dieselbe Tätigkeit ausüben, wie ein Inkassobüro sie verrichtet, eine gewerbliche nämlich[6]. Neben den von Schmidt[7] genannten „Richtlinien für Beitreibungssachen"[8] gibt es „Grundsätze für die Gebührenberechnung in Beitreibungssachen bei Zusammenarbeit mit genehmigten Inkassobüros"[9]. Daraus ergibt sich, daß Rechtsanwälte und Inkassobüros durchaus Tätigkeiten ausüben, die sich ergänzen, wenn nämlich einem Rechtsanwalt in den „Grundsätzen" gestattet wird, für ein Inkassobüro tätig zu werden und dabei im Falle der Nichtbeitreibung die gesetzlichen Anwaltsgebühren nicht geltend machen zu müssen. Vielmehr tritt in diesem Falle eine Beschränkung der Anwaltskosten auf DM 10.— ein, womit der Rechtsanwalt an Stelle der an sich fälligen gesetzlichen Gebühr seinen Auftraggeber, das Inkassobüro, belastet.

---

[4] So Siegert, Durchsetzung der Erstattungspflicht, in Betr 1965, 1767; von Stackelberg, Erstattung der Kosten eines Inkassobüros, in BB 1965, 891 mit Begrenzung auf eine Forderungshöhe von etwa DM 100.—. Von Stackelberg hält die Erledigung von Massenmahnsachen für „anwaltsfremd".

[5] Die Kosten der Inkassobüros, in RPfleger 1970, 82 ff.

[6] Vgl. auch Schorn, Die Rechtsberatung, S. 113.

[7] Die Kosten der Inkassobüros, in Rpfleger 1970, 83.

[8] Offensichtlich meint Schmidt die „Grundsätze für die Gebührenberechnung in Beitreibungssachen".

[9] Als Anlage 2 der Grundsätze des anwaltlichen Standesrechts.

Und wenn Schmidt auf dem Standpunkt steht, Inkassobüros könnten Forderungen nicht wirksamer und nachhaltiger beitreiben als es Rechtsanwälte können, so soll schon hier auf die Verzahnung von Auskunftei und Inkassobüro einerseits oder von Kreditschutzorganisation und Inkasso andererseits hingewiesen werden. Auf Grund des diesen Institutionen vorliegenden Kreditschutzmaterials und infolge des von diesen ausgehenden Drucks auf den Schuldner, der weiß, daß sein Krediturteil bei Nichtzahlung zukünftig negativ sein würde, kann die Beitreibung auf diesem Wege durchaus erfolgreicher sein als durch das Mahnschreiben eines Rechtsanwalts. Diese Institute können schließlich in den Fällen erfolgreicher sein, in denen der Schuldner nicht am Wohn- oder Geschäftssitz des Gläubigers gemahnt werden muß. Während die Auskunfteien an vielen Orten der Bundesrepublik vertreten sind, müßte der Gläubiger entweder einen ihm unbekannten Rechtsanwalt am Wohnsitz des Schuldners beauftragen oder einen Korrespondenzanwalt seines „Hausanwalts“[10].

Bauer[11] berichtet, daß auch der Fall beobachtet werden kann, daß Rechtsanwälte Inkassobüros mit der Einziehung von Forderungen beauftragen, wenn ihre eigenen Beitreibungsversuche erfolglos geblieben sind.

Die Inanspruchnahme eines Inkassobüros kann daher für einige Betriebe, die sich vornehmlich mit der massenweisen Einziehung von Forderungen in geringer Höhe befassen müßten, durch den Fortfall von Mahnabteilungen durchaus einen spürbaren Rationalisierungseffekt haben.

Außerdem mögen psychologische Gründe das Motiv dafür sein, die vorgerichtlichen Mahnungen nicht durch den Betrieb des Verkäufers, sondern durch ein von ihm räumlich getrenntes Inkassobüro unter anderem Namen abfassen zu lassen. Wenn der Schuldner durch das Inkassobüro schärfer „angefaßt“ wird, so lastet er das im allgemeinen nicht dem Verkäufer an. Von dem Leiter eines Inkassounternehmens, das jährlich etwa 120 000 Mahnaufträge (!) für eine Buchgemeinschaft[12] ausführt, wurde dem Verfasser gegenüber die Bezeichnung „Tapetenwechsel“ für die räumliche Trennung von Inkassobüro und Buchgemeinschaft als psychologischer Vorteil genannt.

---

[10] Mit diesen Ausführungen sollten nur die Ausgangspunkte von Schmidt kritisiert werden, auf die von ihm eigentlich behandelte Frage der Kosten der Inkassobüros wird noch einzugehen sein.

[11] Die umstrittene Erfolgsvergütung der Inkassounternehmen, in RWD 1970, 3.

[12] Diese Zahl mag ein Beispiel dafür sein, daß die Beitreibung einer so hohen Zahl von Forderungen mit einem Durchschnittsbetrag von DM 100.— bis DM 150.— nicht anwaltliche Tätigkeit sein kann.

Die wirtschaftliche Notwendigkeit von Inkassoinstituten wird daher heute durchweg anerkannt[13]. Wenn die Tätigkeit dieser Institute kritisiert oder angegriffen wird, so geschieht das fast ausschließlich im Zusammenhang mit der Frage, in welcher Höhe der Schuldner die Kosten zu erstatten hat, die durch die Inanspruchnahme eines Inkassobüros entstanden sind.

II. Die Verbreitung der Inkassoinstitute

Die Anzahl der in Deutschland tätigen Inkassounternehmen läßt sich nur schätzen. Eine genaue Zahl läßt sich insbesondere deshalb nicht angeben, weil die Inkassounternehmen auf höchst unterschiedliche Art und Weise arbeiten und verschiedenen Verbänden zugeordnet werden müssen.

Einmal befassen sie die oben[14] erwähnten Handelsauskunfteien ausnahmslos mit der Beitreibung von Forderungen. Dabei kommt ihnen naturgemäß das für die Auskunftei gesammelte Material in hohem Maße auch für die Beitreibungstätigkeit zu Gute, während umgekehrt die Inkassotätigkeit besonders erfolgreich ist, weil der Schuldner weiß, daß er von einer Auskunftei gemahnt wird und seine Zahlungsverweigerung sein Auskunftsmaterial belasten würde. Hier wirkt allein die Art der Tätigkeit als psychologisches Druckmittel. „Präventiver Kreditschutz" einerseits und „private Zwangsvollstreckung" andererseits sind also unter einem Dach vereint. Diese Verbindung von Auskunfts- und Inkassotätigkeit ist von Roscher mit einem Vergleich aus der Medizin charakterisiert worden[15]:

> „Stellt das Auskunftsbureau die einmalige Diagnose, das Controlbureau die fortgesetzte Beobachtung, beide zusammen die Prophylaxis dar, so soll diese zweite Abtheilung der Therapie des Creditwesens dienen ..."

Die Anzahl dieser Inkassobüros ist praktisch identisch mit der Zahl der Geschäftsstellen, die die Handelsauskunfteien in der Bundesrepublik einschließlich West-Berlin unterhalten; das sind bei der Auskunftei Schimmelpfeng und den Vereinen Creditreform zusammen mehr als 200[16].

---

[13] Vgl. insbesondere Bauer, Die Erstattungsfähigkeit der Inkasso-Vergütungen, in RWD 1969, 5; von Stackelberg, Erstattung der Kosten eines Inkassobüros, in BB 1965, 891; Strohm, Zur Frage der Erstattung der Kosten eines Inkassobüros, in BB 1965, 1298; Künkel, Zur Frage der Haftung des Schuldners für Inkassokosten, in MDR 1963, 892.

[14] S. 16 ff.

[15] Zur Kritik der wirthschaftlichen Entwicklung in Deutschland, S. 147; zitiert bei Nothnagel, Execution durch sociale Interessengruppen, S. 67, Fußn. 22.

Die Vorteile der Verbindung von „Prophylaxis und Therapie" machen sich auch die Kreditschutzorganisationen zunutze, die neben ihrer Tätigkeit als Evidenzzentrale die Beitreibung von Außenständen ihrer Mitglieder erledigen. Fast alle der oben[17] geschilderten Kreditschutzorganisationen sind auch als Inkassobüros tätig, so daß die Anzahl dieser — vorwiegend branchengebundenen — Institute mit weniger als 100 recht zuverlässig geschätzt sein dürfte.

Kaum zu ermitteln ist die Zahl derjenigen Inkassobüros, die keiner der beiden vorstehend genannten Gruppen angehören. Als Anhaltspunkt mag hier dienen, daß dem „Bundesverband Deutscher Inkasso-Unternehmen e. V." in Bonn, dem Zusammenschluß der Inhaber von Inkassobüros, etwa 70 Mitglieder angehören.

III. Die Erlaubnispflicht der Inkassoinstitute

Gemäß Art. I § 1 des Gesetzes zur Verhütung von Mißbräuchen auf dem Gebiete der Rechtsberatung (RBerG) ist die Besorgung fremder Rechtsangelegenheiten einschließlich der Rechtsberatung und der Einziehung fremder oder zu Einziehungszwecken abgetretener Forderungen erlaubnispflichtig. Eine weitere Ausdehnung der erlaubnispflichtigen Tätigkeit erfuhr das RBerG durch die V. VO zur Ausführung des RBerG vom 29. 3. 1938, wonach auch der geschäftsmäßige Erwerb von Forderungen zum Zwecke der Einziehung auf eigene Rechnung der Erlaubnis bedarf. Die ausdrückliche Einbeziehung der Inkassounternehmen in den Kreis der insoweit in der Berufsausübung beschränkten Personen erfolgte erst durch eine AV des RJM vom 13. 7. 1940[18]. Danach soll die Erlaubnis auch nur für einen bestimmten Ortsbezirk erteilt werden, soweit die Tätigkeit nicht schriftlich ausgeübt wird. Den Inkassounternehmen wurde lediglich gestattet, sich mit der außergerichtlichen Einziehung von Forderungen zu befassen, wohingegen sie nicht berechtigt sein sollen, gerichtliche Mahnverfahren einzuleiten, Erinnerungen gegen die Tätigkeit des Gerichtsvollziehers einzulegen, Anträge auf Ableistung des Offenbarungseids zu stellen sowie Prozesse schriftsätzlich zu bearbeiten.

---

[16] Rechtlich stellt die Auskunftei Schimmelpfeng GmbH, Hamburg, *eine* Gesellschaft dar, die jeweiligen Geschäftsstellen können aus Gründen der Praxisnähe als jeweils ein Inkassobüro angesehen werden. Die Beitreibungsaufträge werden vom Gläubiger an die Hamburger Zentrale erteilt. Die Inkassoabteilung wickelt die Aufträge von Hamburg aus ab, holt von der für den Wohnsitz des Schuldners zuständigen Geschäftsstelle jedoch stets eine Kurzauskunft ein. Auch die Inkassoabteilung arbeitet also zentralistisch mit allen Vorteilen der Dezentralisiation.

[17] S. 46 ff.

[18] Deutsche Justiz 1940, 823, vgl. Fußn. 265.

Daß die Tätigkeit der Inkassounternehmen von einer Erlaubnis nach dem RBerG abhängig gemacht worden ist, muß aus zwei Gründen überraschen. Zum einen fällt es schwer, in dem Beitreiben von Forderungen durch vorgerichtliche Mahnschreiben oder durch Besuche beim Schuldner eine Rechtsbesorgung zu sehen, da das Einkassieren unbestrittener, kaufmännischer Forderungen ein wirtschaftlicher Vorgang ist. Zum anderen läßt sich die Einschränkung der Berufsausübung kaum mit dem Zweck des RBerG als eines Schutzes der Allgemeinheit vor den Gefahren unsachgemäßer Rechtsberatung vereinbaren[19].

Es kann daher nicht überraschen, daß die Inkassounternehmen den vor Aufnahme der Tätigkeit erforderlichen Antrag bei dem zuständigen Amts- oder Landgerichtspräsidenten mit Mißvergnügen betrachten[20]. Andererseits kann das Erlaubnisverfahren, bei dem nach Art. I § 1 Abs. 2 RBerG Zuverlässigkeit, persönliche Eignung und Sachkunde verlangt werden, durchaus dazu dienen, unzuverlässige Antragsteller fernzuhalten und damit dem Berufsstand des Inkassounternehmers zu einigem Ansehen zu verhelfen[21]. Allzu hemdsärmlige Methoden der Beitreibung könnten die Geltung, die Inkassounternehmen sich im Wirtschaftsleben verschaffen konnten, gefährden. Auch Inkassobüros haben nicht nur den Interessen der Gläubiger, ihrer Auftraggeber, zu dienen, sondern im Rahmen des Möglichen auch dem Schuldnerschutz Rechnung zu tragen. Die Unterwerfung der Inkassobüros unter die Erlaubnispflicht läßt sich daher auch im Rahmen des Art. 12 GG als zulässige Einschränkung des Grundrechts der freien Berufswahl rechtfertigen[22].

Keiner Erlaubnis bedürfen gemäß Art. I § 7 RBerG auf berufsständischer oder ähnlicher Grundlage gebildete Vereinigungen, die ihren Mitgliedern Rat oder Hilfe in Rechtsangelegenheiten gewähren. Darunter fallen die branchengebundenen Kreditschutzorganisationen, die ihren Mitgliedern nicht nur auf dem Gebiet des Kreditschutzes, sondern auch zur Einziehung von Forderungen zur Verfügung stehen. Auch die Vereine Creditreform werden dieser Ausnahmevorschrift zugeordnet werden können, und zwar auf Grund ihrer Organisationsform[23]. Der Hauptzweck des Vereins selbst ist nicht auf die Erlangung wirtschaftlicher Vorteile gerichtet; diese kommen allein dem Geschäfts-

---

19 Wie hier Schorn, Die Rechtsberatung, S. 113; a. M. Altenhoff - Busch - Kampmann, RBerG, Rdnr. 13.

20 Windmüller, Rechtsberatungs-Mißbrauchgesetz und Inkasso-Unternehmer, S. 6.

21 Vgl. den Bescheid des LG Präsidenten Bielefeld RWD 1969, 372.

22 So auch BVerwG DVBl. 1960, 774, 775.

23 Vgl. oben S. 19 ff.

führer zu Gute. Die Einziehung von Forderungen ist eine Nebenaufgabe des Vereins, die hinter der Hauptaufgabe, dem „Schutz gegen schädliches Kreditgeben", zurücktritt[23a]. Nicht nur der Inhalt der Satzung, sondern auch das tatsächliche Verhalten läßt es gerechtfertigt erscheinen, die Vereine Creditreform nicht der Erlaubnispflicht nach dem RBerG zu unterwerfen[24].

Die Vergünstigung der Ausnahmevorschrift des Art. I § 7 RBerG können jedoch nicht diejenigen Gläubigerschutzorganisationen für sich in Anspruch nehmen, deren einziger Zweck in der Einziehung von Forderungen bestünde. Hier läge eine unerlaubte Umgehung des Art. I § 7 RBerG vor.

IV. Die Ausgestaltung des „Inkasso-Vertrages"

Das Vertragsverhältnis zwischen dem Gläubiger als Auftraggeber und dem Inkassobüro ist auf eine Geschäftsbesorgung (§ 675 BGB) gerichtet. Regelmäßig werden die Rechtsbeziehungen auf der Grundlage Allgemeiner Geschäftsbedingungen abgewickelt; bei den vereinsrechtlich organisierten Inkassoinstituten übernehmen vielfach die Satzungen die Aufgabe von Allgemeinen Geschäftsbedingungen.

1. Die Allgemeinen Geschäftsbedingungen der Inkassoinstitute

Der „Bundesverband Deutscher Inkasso-Unternehmen e. V." als Interessenvertretung der gewerblichen Inkassoinstitute hat für die ihm angeschlossenen Unternehmen ein Muster für Allgemeine Geschäftsbedingungen entworfen mit dem Ziel, einheitliche Bedingungen für den Geschäftsverkehr zwischen dem Inkassounternehmen und dem Auftraggeber zu erreichen. Die dem Verfasser vorliegenden Geschäftsbedingungen einzelner Verbandsmitglieder weichen von den vorgeschlagenen AGB des Verbandes nicht erheblich ab; im allgemeinen beschränken sich die Abweichungen auf die Höhe der Vergütung.

Die Grundlage der Tätigkeit der Inkassobüros ergibt sich aus § 1 der Muster-AGB:

> „Das Unternehmen übernimmt für seine Auftraggeber die Einziehung von Forderungen aller Art, die dem Grunde und der Höhe nach unstreitig sind, mit der Verpflichtung, durch unmittelbare oder mittelbare, persönliche oder schriftliche Einwirkung auf den Schuldner für den Eingang der Forderung zu sorgen, alle in diesem Zusammenhang stehenden Arbeiten mit der Sorgfalt eines ordentlichen Kaufmanns auszuführen und hierbei die berechtigten Interessen des Auftraggebers wahrzunehmen."

[23a] Vgl. LG Hamburg JW 1937, 1730.

[24] Wie hier Schorn, Die Rechtsberatung, S. 271 f.; a. M. Altenhoff - Busch - Kampmann, RBerG, Rdnr. 126.

Nach § 2 behalten sich die Unternehmen volle Handlungsfreiheit in der Form der Bearbeitung vor, sie lassen sich ferner das Recht einräumen, mit dem Schuldner Stundungs- oder Ratenvereinbarungen zu treffen.

Nach § 3 ist der Gläubiger verpflichtet, „bei Direktzahlungen des Schuldners an den Auftraggeber das Unternehmen unverzüglich hierüber zu unterrichten". Um das zu verhindern, daß der Auftraggeber und der Schuldner direkte Vereinbarungen ohne Mitwirkung des bereits beauftragten Inkassobüros — und zu dessen Vergütungsnachteil — treffen, gilt gemäß § 7 der Muster-AGB als vereinbart, daß alle beim Gläubiger nach Vertragsabschluß eingehenden Zahlungen des Schuldners auf der Tätigkeit des Inkassobüros beruhen sollen.

Nach § 11 der vorgeschlagenen Allgemeinen Geschäftsbedingungen haftet das Inkassobüro nur für Vorsatz und grobe Fahrlässigkeit, nicht jedoch für die Gefahr der Verjährung der Forderung. Die Kontrolle hierüber verbleibt beim Auftraggeber.

2. Die Geschäftsbedingungen der Handelsauskunfteien

Dem Inhalt nach unterscheiden sich die Allgemeinen Geschäftsbedingungen der Inkassobüros nicht wesentlich von den Geschäftsbedingungen der Handelsauskunfteien. Allerdings gilt als vereinbart, daß die Auskunftei bei Erfolglosigkeit des außergerichtlichen Mahnverfahrens berechtigt sein soll, das gerichtliche Verfahren durch Vertragsanwälte einleiten zu lassen, falls der Auftraggeber dies nicht ausdrücklich ausschließt[25]. Schimmelpfeng weist in Nr. 10 der Geschäftsbedingungen ausdrücklich darauf hin, daß Mitteilungen, die dem Auftraggeber über die Kreditwürdigkeit des Schuldners übersandt werden, vertraulich zu behandeln seien. Insoweit handelt es sich um eine Besonderheit des vorgerichtlichen Mahnverfahrens der Handelsauskunfteien, die sich unter Verwendung vorgedruckter Mahnauftrags-Formulare vom Auftraggeber für jeden Einzelfall bestätigen lassen, daß die einzuziehende Forderung unbestritten und nicht ausgeklagt sei. Für die Übernahme der Einziehung ausgeklagter Forderungen gelten besondere Bedingungen, insbesondere hinsichtlich der Vergütung.

V. Die Arbeitsweise der Inkassobüros

In Bezug auf die Arbeitsweise ergeben sich bei den verschiedenen Unternehmen erhebliche Unterschiede, so daß nachfolgend nur Bei-

---

[25] So § 7 Abs. 4 der Geschäftsordnung der Vereine Creditreform, Nr. 6 der Geschäftsbedingungen der Auskunftei Schimmelpfeng.

spiele zur Verdeutlichung gegeben werden sollen, wobei die eigentlichen Inkassobüros die größten Unterschiede in der Art des Vorgehens aufweisen.

1. Das Mahnverfahren der Inkassobüros

Im allgemeinen erfolgt die Erteilung eines Inkassoauftrages erst, nachdem der Gläubiger selbst mehrfach schriftlich gemahnt hat. Namentlich bei Forderungen in geringer Höhe oder bei Massenaufträgen mahnen auch Inkassobüros in der Regel nur schriftlich. Sie sind hinsichtlich der Formulierung der Zahlungsaufforderung jedoch ungleich freier als es der Gläubiger sein kann, weil zwischen dem Inkassobüro und dem Schuldner keinerlei Rechtsbeziehungen bestehen. Fast immer wird daher an den guten Willen und an den Ruf des Schuldners appelliert, oft werden für die Mahnschreiben auffallende Farben verwandt. Folgerungen, die sich aus der Nichtzahlung für den Schuldner ergeben können, werden in auffälliger Weise hervorgehoben, wobei die Folgen von Mahnung zu Mahnung deutlicher vor Augen geführt werden. Der Schuldner wird nicht nur vor Lohnpfändungen, Arbeitsplatz-Verlust oder Vollstreckungen gewarnt, sondern immer auch vor den finanziellen Folgen weiterer Säumnis.

Andererseits wird dem Schuldner von vornherein die Möglichkeit gegeben, von sich aus Ratenzahlungen vorzuschlagen oder die Zahlung zu einem späteren Termin zu versprechen. Daraus ergibt sich, daß Inkassobüros auch beim schriftlichen, oft auf Formularen erfolgenden Mahnverfahren bemüht sind, festzustellen, ob der Schuldner nicht zahlen will oder nicht kann. Dieses Wissen um die Zahlungsmoral und die Zahlungsfähigkeit macht dann die Entscheidung leichter, ob das gerichtliche Mahnverfahren nach erfolgloser vorgerichtlicher Mahnung eingeleitet werden soll.

Eine noch eindringlichere Behandlung des Schuldners erfolgt überwiegend nur bei größeren Forderungen oder solchen, die ausgeklagt sind oder bei denen bereits Vollstreckungsversuche vergeblich geblieben sind.

Dem Verfasser ist ein „Mahnschreiben" mit einem Umfang von fast vier Din-A-4 Seiten bekannt, in dem der Schuldner vor weiterer Zahlungsverweigerung gewarnt wird mit dem Hinweis, daß nichts unversucht gelassen werde, die Forderung zu realisieren. Weiter werden darin die Haftungstatbestände des BGB und die Straftatbestände des StGB, soweit sie von dem Inkassounternehmer für einschlägig gehalten werden, zitiert und kommentiert. Diese Zahlungsaufforderung schließt mit dem Hinweis auf die 30jährige Vollstreckungsmöglichkeit aus titulierten Forderungen und auf die Möglichkeit der Erbenhaftung. Derselbe Unternehmer verschickt rechnerische Beispiele, wie aus einer Hauptforderung von DM 50.— durch Inanspruchnahme von Rechtsanwalt, Gericht und Gerichtsvollzieher eine Endforderung von DM 143.40 werden kann.

Mit einem ganz anderen Nachdruck als es z. B. durch einen Gerichtsvollzieher erfolgen kann, werden die Schuldner häufig persönlich aufgesucht und an ihre Verpflichtung erinnert. Es gibt Inkassounternehmen, die wirklich nichts unversucht lassen, um jedes verfügbare Vermögensstück des Schuldners aufzuspüren. Dem Verfasser sind sogar Beispiele bekannt, wo ein Inkassounternehmer durch einen Gerichtsvollzieher Vermögensgegenstände pfänden ließ, obwohl diese dem Gerichtsvollzieher gegenüber bei einem kurz zuvor stattgefundenen Versuch der Vollstreckung als unpfändbar bezeichnet worden waren.

Mögen diese Beispiele auch Ausnahmen bilden, und mag es mitunter auch zu höchst bedenklichen Versuchen „privater Zwangsvollstrekkung" kommen, so darf nicht übersehen werden, daß es sich dabei oft um Schuldner handelt, die es bewußt und böswillig und hartnäckig darauf anlegen, den Gläubiger um seine Forderung zu bringen. Der Versuch einer Interessenabwägung fällt in derartigen Fällen nicht leicht; es sind aber sicher Fallgestaltungen denkbar, in denen der Schuldner keinen Schutz mehr verdient. Dann betrachten sich Inkassounternehmen als „grobe Keile auf dem groben Klotz". Bei der Bearbeitung von Massenaufträgen für einen Auftraggeber beschränkt sich die Tätigkeit des Inkassoinstituts naturgemäß auf das schriftliche Mahnverfahren. Hierbei werden teilweise sogar elektronische Datenverarbeitungs-Anlagen eingesetzt. Bei dem oben[26] genannten Inkassoinstitut, das jährlich etwa 120 000 Mahnaufträge in einer Größenordnung von DM 100.— bis DM 150.— als fällig gewordene Mitgliedsbeiträge für eine Buchgemeinschaft bearbeitet, werden etwa 40 000 dieser Mahnaufträge wegen Erfolglosigkeit in ein gerichtliches Mahnverfahren durch einen Vertragsanwalt übergeleitet. Dieser erhält die Zahlungsbefehl-Formulare von einer Datenverarbeitungs-Anlage ausgedruckt. Die maschinentechnisch erforderliche Umgestaltung des üblichen Formulars ist mit dem zuständigen Amtsgerichtspräsidenten abgesprochen[27].

---

[26] S. 131.

[27] Eine derartige rationalisierte Arbeitsweise ist hier dadurch möglich, daß der Gerichtsstand für alle Verfahren als am Firmensitz der Buchgemeinschaft vereinbart gilt.

2. Die Inkassotätigkeit der Handelsauskunfteien

Wesentlich zurückhaltender arbeiten die Inkassoabteilungen der Handelsauskunfteien. Nachdem der Gläubiger mehrfach gemahnt hat[28], übersendet er der Auskunftei den Auftrag mit allen notwendigen Angaben. In den Auftragsformularen der Vereine Creditreform kann der Auftraggeber zusätzlich Hinweise für die Behandlung des Schuldners geben[29]. Die — überwiegend formularmäßigen — Mahnschreiben der Handelsauskunfteien sind unaufdringlicher gehalten als die der Inkassobüros. Sie beschränken sich auf die erneute Geltendmachung der Forderung, machen Ratenzahlungsangebote und drohen die Einleitung gerichtlicher Schritte an. Die Mahnschreiben der Vereine Creditreform enthalten ferner den Hinweis auf die Zahl der Mitglieder, die hinter der Organisation stehen, und darauf, daß der Schuldner „leicht seinen Kredit gefährden“ könne.

Reagiert der Schuldner auf zwei oder drei Mahnungen mit Zahlungsfristen von jeweils etwa fünf bis sieben Tagen nicht, so erfolgt in der Regel die Abgabe an einen Vertragsanwalt zur Einleitung des gerichtlichen Mahnverfahrens. Allein der Auskunftei Schimmelpfeng stehen für diesen Zweck über 800 Rechtsanwälte in fast allen Amtsgerichtsbezirken des Bundesgebiets und West-Berlins zur Verfügung.

Vor der Einleitung des gerichtlichen Mahnverfahrens überprüfen die Inkassoabteilungen der Auskunfteien die Vermögensverhältnisse des Schuldners an Hand des Auskunftsmaterials. Damit soll vermieden werden, daß kostenverursachende gerichtliche Schritte gegen zahlungsunfähige, vermögenslose Schuldner ergriffen werden. In diesen Fällen erhält der Auftraggeber eine Kurzauskunft mit der Aufforderung, die Entscheidung über den Fortgang selbst zu treffen. Dabei regen die Auskunfteien gegebenenfalls an, bei völliger Aussichtslosigkeit einer Beitreibung einen Titel nur für den Zweck zu erwirken, die Verjährung zu unterbrechen.

Für diese titulierten, augenblicklich uneinbringlichen Forderungen steht den Auftraggebern mit dem von den Auskunfteien geschaffenen „Vormerkungs-Kontrolldienst“[30] oder „Überwachungsverfahren“[31] ein

---

[28] Kunden der Auskunftei Schimmelpfeng erhalten auf Wunsch sogenannte „Mahnaufkleber“ zur Verfügung gestellt. Diese werden auf die jeweils letzte Mahnung aufgeklebt und machen den Schuldner darauf aufmerksam, daß im Falle der Nichtzahlung die „Mahnhilfe der Auskunftei Schimmelpfeng mit der Einziehung“ beauftragt werde.

[29] 1. Vorsichtig behandeln, da guter Kunde. 2. Erst wiederholt mahnen, dann mit allen Mitteln (nötigenf. klagbar) vorgehen. 3. Nach kurzer Mahnung sofort Klage veranlassen und vollstrecken.

[30] So bei der Auskunftei Schimmelpfeng.

[31] So bei den Vereinen Creditreform.

hervorragendes Mittel zur Verfügung, die Vermögensverhältnisse des Schuldners so lange überwachen zu lassen, bis der Auskunftei auf betriebsüblichem Wege eine Besserung der wirtschaftlichen Verhältnisse bekannt wird. Die Kontrollkarte bleibt also gegen eine einmalige Gebühr bis zu 30 Jahren an erster Stelle des Auskunftsmaterials des Schuldners stehen.

Es ist kein Zufall, daß gerade die Auskunfteien sich gleichzeitig mit dem außergerichtlichen Mahnverfahren beschäftigen. Sie kennen vielfach die Vermögensverhältnisse des Schuldners aus dem eigenen Archivmaterial, sie können daher leicht beurteilen, ob der Schuldner nicht zahlen will oder nicht kann. Das Archivmaterial verhilft auch dazu, von unnötigen, kostspieligen gerichtlichen Vollstreckungsversuchen Abstand zu nehmen, wenn diese keinen Erfolg versprechen. Auf der anderen Seite läßt ein vernünftiger Schuldner die Mahnung einer Handelsauskunftei nicht unbeachtet, da er weiß, daß er damit deren Archivmaterial bereichert und sein eigenes Krediturteil ungünstig beeinflußt.

In sehr ähnlicher Weise wie die Handelsauskunfteien arbeiten die Inkassoabteilungen der Kreditschutzorganisationen. Hier wird ausschließlich schriftlich gemahnt. In der Kenntnis der Vermögensverhältnisse des Schuldners, der ja häufig von mehreren Mitgliedern beliefert wird, und in dem Wissen des Schuldners, daß seine Nichtzahlung seinen Namen in der nächsten Kreditschutzliste erscheinen lassen wird, liegt die Stärke dieser Vereine auf dem Gebiet der Beitreibung von Forderungen.

3. Bedenkliche Inkasso-Praktiken

Anders als in Deutschland, wo die Inkassounternehmen regelmäßig nicht versuchen, den Schuldner öffentlich zu diskriminieren[32], werden im Ausland (oder vom Ausland aus!) teilweise überaus bedenkliche Methoden praktiziert.

In Wien betreibt ein Inkassounternehmer sein Geschäft dadurch, daß er in einem knallgelb gestrichenen, mit der Aufschrift „Inter-Kasso, schafft es so oder so, Schuld-Eintreibung" versehenen „Pranger-Bus"[33] vor dem Hause des Schuldners vorfährt, falls dieser nicht das Glück hat, in einer Halteverbotszone zu wohnen. Seine Besuche kündigt er

[32] Nur Schmidt, Die Kosten der Inkassobüros, Rpfleger 1970, 83 nennt ein bedenkliches Beispiel, bei dem der Beauftragte eines Inkassobüros seine Besuche durch Anheften eines Zettels an der Wohnungstür des Schuldners anzukündigen pflegte.

[33] So Haegele, Über den Umgang mit Schuldnern, S. 19.

mit folgendem Brief an: „Sie haben alle bisher an Sie gerichteten Mahnungen unberücksichtigt gelassen. Wir sind deshalb der Meinung, daß Sie von unserem Inkassanten persönlich aufgesucht werden wollen. Wir kündigen daher dessen Besuch mit unserem Firmen-Wagen wie hier abgebildet für die nächsten Tage an. (Es folgt eine Abbildung des Fahrzeugs) Wir weisen darauf hin, daß Sie in regelmäßigen Abständen und so lange besucht werden, bis Sie den längst fälligen und unbestrittenen Betrag bezahlen"[34].

Ein anderes Unternehmen, das von deutschen Auftraggebern Name, Anschrift und Betrag der Schuld mitgeteilt bekommt, teilt dem Schuldner von einer holländischen „Briefkasten-Firma" aus mit, jemand habe eine Erbschaft in Höhe von can$ 8 Millionen hinterlassen. Der Erblasser aus Toronto habe die Auszahlung der Erbschaft davon abhängig gemacht, daß der Erbe in geordneten wirtschaftlichen Verhältnissen lebe. Die Wahl sei auf den Schuldner gefallen. Der Schuldner wird von dem Inkassobüro, das sich als solches natürlich nicht zu erkennen gibt, aufgefordert, ein „Vermögensverzeichnis" einzureichen. Falls der Schuldner die Forderung des Gläubigers nicht darin aufführt, wird er dazu mit dem Hinweis aufgefordert, daß man diese Schuld ermittelt habe und daß erst deren Begleichung als Zeichen geordneter wirtschaftlicher Verhältnisse gelten könne. Die Erbschaft vor Augen, zahlen die Schuldner innerhalb von wenigen Tagen, wofür sie mitunter — auf einen Hinweis des Inkassobüros hin — erneut einen Kredit aufnehmen[35].

Dem Verfasser ist ein Angebot des genannten Inkassobüros an ein deutsches Unternehmen bekannt, mit dem die Dienste wie folgt angeboten werden: „Wir haben unsere eigene Methode. Wir können von hier — Ausland — immer noch einen Schritt weitergehen als irgend ein dortiges Unternehmen im eigenen Land."

4. Die Erfolgsquote

Die Erfolgsquote der Inkassoinstitute ist, soweit Zahlen überhaupt zu erlangen waren, überaus groß. Bei nicht ausgeklagten Forderungen wird sie von den Inkassobüros allein im außergerichtlichen Mahnverfahren mit etwa 60 bis 80 % angegeben.

Bei rund 75 % lag die Erfolgsquote im Durchschnitt der letzten Jahre bei einer Handelsauskunftei, darin enthalten ist jedoch auch der Erfolg der Tätigkeit der Vertragsanwälte.

---

[34] „TV Hören und Sehen" 29/1964, S. 6.

[35] Vgl. die Darstellung im Hamburger Abendblatt vom 30. 1. 1967, S. 3.

VI. Die Inkassovergütung

Die Kosten, die von den Inkassobüros erhoben werden, sind dem Grunde nach im wesentlichen gleich, wohingegen hinsichtlich der Höhe der Vergütung einige, mitunter erhebliche, Unterschiede feststellbar sind.

Über die Höhe der Vergütung bestimmte die AV des RJM vom 24. 10. 1941[36], daß die Inkassobüros den Auftraggebern eine Bearbeitungsgebühr in Höhe von bis zu 3 %, mindestens RM 3.— pro Auftrag, und eine Erfolgsvergütung von bis zu 10 % bei nicht ausgeklagten und von bis zu 30 % bei ausgeklagten Forderungen berechnen durften. Für verjährte oder Konkursforderungen oder Forderungen gegen Schuldner, die den Offenbarungseid geleistet haben, durfte die Erfolgsvergütung sogar bis zu 40 % betragen.

In einem Schreiben an die Landesjustizverwaltungen vom 8. 5. 1962 vertrat der Bundesminister der Justiz[37] den Standpunkt, die AV vom 24. 10. 1941 enthalte keine Rechtsnormen, sondern habe unmittelbare Wirkung nur für das Vertragsverhältnis zwischen dem Inkassounternehmen und dem Auftraggeber. Hinsichtlich der geänderten Verhältnisse habe sie an Bedeutung verloren. Neue Richtlinien sollten aber nur dann erlassen werden, wenn hierfür ein Bedürfnis vorhanden sei, insbesondere, wenn dadurch Mißständen im Verhältnis zwischen Inkassobüros und Auftraggebern begegnet werden könne.

Der Justizminister des Landes Nordrhein-Westfalen hat diese Richtlinien aus dem Jahre 1941 — soweit ersichtlich, als einziges Bundesland — durch Verfügung vom 17. 2. 1960[38] ausdrücklich aufgehoben.

In Beantwortung einer parlamentarischen Anfrage hat auch der hessische Justizminister die AV als für die Gerichte unverbindliche Verwaltungsvorschrift bezeichnet[39].

In der Praxis werden Art und Höhe der Vergütung ausnahmslos in den Geschäftsbedingungen vereinbart. Die Muster-AGB des „Bundesverbandes Deutscher Inkasso-Unternehmen e. V." sehen in § 10 folgende Sätze vor:

„Die Vergütungssätze zugelassener Inkassounternehmen ergeben sich in Anlehnung an die AV. d. RJM v. 24. 10. 1941 wie folgt:

[36] Deutsche Justiz 1941, 1022.

[37] Gesch.-Z.: 5657 — 15 301/62 —.

[38] Gesch.-Z.: 3712 — I A. 20.

[39] Stenographische Protokolle des Hessischen Landtags, 14. Sitzung vom 5. 7. 1967, VI. Wahlperiode, S. 556 f.

I. bei nicht ausgeklagten Forderungen:

a) ab DM 100.— eine Bearbeitungsvergütung von 5 % der einzuziehenden Schuldsumme des einzelnen Schuldners, unter DM 100.— jedoch DM 5.— für den einzelnen Einzugsauftrag.

Mit dieser bei Auftragserteilung fälligen Bearbeitungsvergütung wird einfachheitshalber das Konto des Auftraggebers belastet. Der Auftraggeber zahlt also keinen Bar-Vorschuß.

b) Im Falle der erforderlichen Ermittlung der Anschrift eines Schuldners eine Vergütung von DM 3.50 für jede einzelne Ermittlung.

c) Eine Erfolgsvergütung, vorbehaltlich besonderer Vereinbarungen, von 15 % der an den Auftraggeber zur Auszahlung gelangenden Beträge. Die Erfolgsvergütung wird auch bei Direktzahlungen des Schuldners an den Auftraggeber während des Auftragsverhältnisses fällig. Soweit die durch die Inanspruchnahme des Inkasso-Unternehmens entstandenen Kosten und Auslagen als Verzugsschaden von dem Schuldner zu tragen sind umschließt der erteilte Auftrag auch diese Miteinziehung.

II. Bei allen Forderungen, für die ein Schuldtitel vorliegt, und bei verjährten Forderungen: eine Erfolgsvergütung von 50 % der bei dem Inkasso-Unternehmen oder beim Auftraggeber eingehenden Beträge. Bei diesen Forderungen übernimmt das Inkasso-Unternehmen alle Kosten und Auslagen, arbeitet also völlig auf eigenes Risiko, so daß dem Auftraggeber keine Kosten entstehen."

Diese Vergütungssätze werden von der Mehrzahl der Inkassobüros mit dem Gläubiger vereinbart, wobei es hinsichtlich der Höhe der Bearbeitungsgebühr zu Sätzen zwischen 3 und 10 % und bei der Erfolgsvergütung zu Sätzen zwischen 5 und 20 % kommt. Die meisten der dem Bundesverband angehörenden Unternehmen berechnen ein Erfolgshonorar in Höhe von 10 %[40].

Geringere Sätze verlangen die Handelsauskunfteien in ihren Vereinbarungen mit den Gläubigern: Die Bearbeitungsgebühr beträgt bei kleinen Forderungen mindestens DM 6.— bis DM 10.—, bei Forderungen von DM 500.— aufwärts nur noch 1 bis 2 % der Forderungssumme. Eine Erfolgsprovision wird für das einfache schriftliche Mahnverfahren nicht berechnet; nur wenn es zu gerichtlichen Schritten gegen den Schuldner kommt, wird ein Erfolgshonorar von 5 % bei Forderungen bis zu DM 3000.— und von 3 % für den darüber hinausgehenden Betrag erhoben.

Im Rahmen dieser Sätze liegen auch die Vergütungen, die von den Inkassoabteilungen der Kreditschutzorganisationen erhoben werden.

Der Vergütungsanspruch der Inkassobüros richtet sich grundsätzlich gegen den Gläubiger als Auftraggeber. Die Höhe dieser Vergütung findet ihre Grenze in der Bestimmung des § 138 BGB.

---

[40] Vgl. Rundschreiben Nr. 3/68 des Bundesverbandes Deutscher Inkasso-Unternehmen e. V., S. 3.

VII. Die Erstattungsfähigkeit der Inkassovergütung

Die Frage, in welcher Höhe der Schuldner die durch die Inanspruchnahme eines Inkassobüros dem Gläubiger entstandenen Kosten zu ersetzen hat, ist bisher nicht beantwortet worden. Sie ist nicht zuletzt deshalb so heftig umstritten[41], weil die beteiligten Kreise stets ihre Interessen zu vertreten suchen.

Im Zusammenhang mit der Erstattungsfähigkeit der Inkassokosten wird häufig die genannte AV des RJM vom 24. 10. 1941 über den „Umfang der Erstattung von Kosten, die durch die Inanspruchnahme eines Inkassobüros entstehen", genannt[42]. Danach sollte die Frage, ob die Verpflichtung des Schuldners zur Erstattung der dem Gläubiger aus der Inanspruchnahme eines Inkassobüros entstandenen Kosten unter dem Gesichtspunkt des Verzugsschadens (§ 286 BGB) gerechtfertigt ist, von den Gerichten nach den jeweiligen Umständen des Einzelfalles entschieden werden. Entscheidend dabei sei, ob die Inanspruchnahme eines Inkassobüros sachlich geboten gewesen sei. Es müsse ferner berücksichtigt werden, ob die entstandenen Kosten zu dem Wert des Streitgegenstandes in angemessenem Verhältnis stünden. Sollte im Einzelfall kein ausreichender Anlaß für die Inanspruchnahme eines Inkassobüros gegeben erscheinen, könne als Verzugsschaden höchstens der Betrag angesehen werden, der auf Grund der Richtlinien für Inkassobüros[43] gerechtfertigt sei.

Wenn auch die „Richtlinien" keine erschöpfende Antwort auf die Frage geben, ob der Schuldner dem Gläubiger die Kosten für die Inanspruchnahme eines Inkassobüros zu ersetzen habe, so wird aus ihnen dennoch deutlich, daß die zwischen dem Inkassobüro und dem Gläubiger heute üblicherweise vereinbarten Vergütungen nicht als übersetzt, nicht als wucherisch angesehen werden können, bewegen sie sich doch nur unwesentlich über den Sätzen, die vor 30 Jahren für zulässig gehalten wurden.

Mit besonderer Ausführlichkeit untersucht von Stackelberg[44] die Frage, ob der Aufwendungsersatz als Teil des Verzögerunsschadens nach § 286 Abs. 1 BGB zu behandeln sei[45]. Die Adäquanz der Kosten ist mit der herrschenden Lehre und Rechtsprechung[46] zu bejahen.

---

[41] Bauer, Die Erstattungsfähigkeit der Inkasso-Vergütungen, in RWD 1969, 22 f. nennt in Fußn. 24 allein mehr als 120 Entscheidungen, die dazu ergangen sind, daß die Kosten, die durch die Inanspruchnahme eines Inkassobüros entstanden sind, vom Schuldner zu erstatten sind.

[42] Deutsche Justiz 1941, 1022.

[43] Diese wurden in derselben AV mitgeteilt.

[44] Erstattung der Kosten eines Inkassobüros, in BB 1965, 892.

[45] Im folgenden wird stets davon ausgegangen, daß der Schuldner sich bei Tätigwerden des Inkassobüros im Verzuge befunden hat.

Da die Erstattungsfähigkeit von Inkassovergütungen durch den Schuldner von niemand bestritten wird[47], ergibt sich die Frage der Höhe der Erstattungspflicht des Schuldners allein aus § 254 BGB, wonach der Gläubiger den Schaden, also auch die Verzugsfolgen, gering zu halten verpflichtet ist[48]. Es geht also darum, ob die Schadensminderungspflicht des § 254 BGB dem Gläubiger verbietet, das Inkassoverfahren zu wählen, welches ihm die größten Erfolgsaussichten zu bieten scheint, oder anders ausgedrückt, ob die Schadensminderungspflicht dem Gläubiger gebietet, seine Forderungen nur unter Zuhilfenahme von Rechtsanwälten zu realisieren, da diese „billiger" arbeiten. Bei der Diskussion um diese Frage wird man den Eindruck nicht los, als gehe es vielfach nicht um eine Schadensminderungspflicht des Gläubigers zum Schutze des Schuldners, sondern darum, der Anwaltschaft keine Konkurrenz erwachsen zu lassen[49].

Die geschilderte Tätigkeit hat gezeigt, daß die Beauftragung eines Inkassobüros mit der Einziehung einer Forderung erfolgversprechender sein kann als die eines Rechtsanwalts. Dies gilt nicht nur für kleinere Beträge. Erst das Interesse, die Erfolgsvergütung zu verdienen, schafft die Aussicht auf Erfolg. Ein Anwalt kann die Druckmittel, die Handelsauskunfteien und Kreditschutzorganisationen mit ihrem Auskunftsmaterial im Hintergrund allein aus der Natur der Sache haben, nicht einsetzen.

Wenn hier die Ansicht vertreten wird, die Schadensminderungspflicht verpflichte den Gläubiger nicht, den unter Umständen weniger erfolgversprechenden Weg der Beauftragung eines Rechtsanwalts zur Einziehung von Forderungen zu wählen, so muß zur Klarstellung noch einmal betont werden, daß es der Gläubiger mit einem Schuldner zu tun hat, der böswillig auf seine eigenen vorgerichtlichen Mahnschreiben überhaupt nicht reagiert hat. Ein solcher Schuldner wird den Schutz aus § 254 Abs. 2 BGB in geringerem Maße verdienen als derjenige, der sich in Zahlungsschwierigkeiten befindet und sich wenigstens mit dem Gläubiger zu arrangieren versucht.

---

[46] von Stackelberg, Erstattung der Kosten eines Inkassobüros, in BB 1965, 892; Siegert, Durchsetzung der Erstattungspflicht, in Betr. 1965, 1767; vgl. auch die auf S. 144 in Fußn. 41 erwähnte Rechtsprechungszusammenstellung von Bauer.

[47] Auch nicht in den Stellungnahmen von Strohm, Zur Frage der Erstattung der Kosten eines Inkassobüros, in BB 1965, 1298 und Schmidt, Die Kosten der Inkassobüros, in Rpfleger 1970, 84.

[48] Darauf hat Siegert, Durchsetzung der Erstattungspflicht, in Betr. 1965, 1767 mit dankenswerter Klarheit hingewiesen.

[49] Insbesondere bei den Beiträgen von Brangsch, Die Vergütungen der Inkassobüros, in AnwBl. 1953, 182; Schmidt, Die Kosten der Inkassobüros, in Rpfleger 1970, 83.

Es erscheint daher nicht richtig, neben der Bearbeitungsvergütung die Erfolgsvergütung nur bis zur Höhe der mit der Beauftragung eines Rechtsanwalts entstehenden Kosten zuzubilligen. Wenn man die Einschaltung eines Inkassobüros als eine den Bedürfnissen der Wirtschaft entsprechende Rechtsverfolgung ansieht, muß man dem Gläubiger auch den Anspruch auf die damit entstehenden höheren Kosten zugestehen[50]. Diese Lösung erscheint zweckmäßig und gerecht.

Eine ungerechte Überrumpelung des Schuldners mit höheren Verzugskosten könnte dadurch vermieden werden, daß die Gläubiger in ihren Mahnschreiben oder in den Lieferbedingungen darauf hinweisen, daß sie im Falle weiterer Zahlungsverweigerung ein Inkassobüro beauftragen werden[51]. Dem Schuldner bliebe es überlassen, den dadurch entstehenden höheren Kosten durch Zahlung oder wenigstens durch Kontaktaufnahme zu entgehen. Die Frage der Angemessenheit des Verzugsschadens erschiene dann in anderem Licht.

Nicht geklärt ist damit die Frage, bis zu welcher Höhe die Inkassovergütungen vom Schuldner getragen werden sollen. Hier scheint nur ein Wort des Gesetzgebers Klarheit schaffen zu können. Eine solche Klärung ist aus mehreren Gründen notwendig, da eine verbindliche höchstrichterliche Entscheidung nicht erwartet werden kann, es aber dringend geboten erscheint, daß endlich einmal eine Beruhigung auf diesem Gebiet eintritt. Nachdem man Inkassobüros anerkannt und dem RBerG unterworfen hat, muß man auch ihr Gewinnstreben anerkennen. Ferner muß damit Schluß gemacht werden, den Gläubiger dafür zu bestrafen, daß er ein Inkassobüro beauftragt hat, obwohl ihm dieses als zweckmäßigste Art der Rechtsverfolgung erschien. Eine Bestrafung liegt aber vor, wenn er die vom Inkassobüro in Rechnung gestellte Erfolgsvergütung selbst bezahlen muß.

Bis zu einer Klärung durch den Gesetzgeber sollten die Gerichte die Scheu verlieren und dem Gläubiger die Inkassobürokosten als Verzugsschaden auch dann zubilligen, wenn diese höher sind als Anwaltskosten. Eine Erfolgsvergütung von 10 % erscheint nicht unangemessen hoch, wenn dieser Satz bei höheren Forderungen niedriger gestaffelt wird. Mitunter wenden nämlich die Inkassobüros erhebliche Mühe und

---

[50] LG Hamburg NJW 1970, 48; AG Köln MDR 1968, 582; LG Nürnberg-Fürth NJW 1959, 438 mit abl. Anm. von Brangsch; AG Bad Münder RWD 1969, 250 mit zust. Anm. von Bauer; AG Düsseldorf RWD 1969, 252 mit zust. Anm. von Hanusch; *a. A. u. a.* AG Lichterfelde JR 1954, 462 mit zust. Anm. von Tschischgale; AG Neustadt AnwBl. 1963, 88; AG Mönchengladbach JurBüro 1963, 487; LG Essen AnwBl. 1962, 287 mit zust. Anm. von Schueler; LG Stuttgart BB 1966, 1287.

[51] Als Beispiel mag hier der „Mahnaufkleber" der Auskunftei Schimmelpfeng dienen.

Kosten auf, Kosten, die bei einer schriftlichen Mahnung durch einen Rechtsanwalt gar nicht entstehen können.

Unproblematisch dagegen ist die Frage, ob der Gläubiger die Bearbeitungsvergütung seines Inkassobüros als Verzugsschaden auch dann geltend machen kann, wenn dessen Tätigkeit erfolglos blieb und sich der vorgerichtlichen Mahnung ein gerichtliches Mahnverfahren durch einen Rechtsanwalt anschließt[52]. Die Schadensminderungspflicht des Gläubigers aus § 254 Abs. 2 BGB verlangt, daß der Gläubiger ohne Einschaltung eines Inkassoinstituts einen Rechtsanwalt unmittelbar beauftragt, wenn aus dem Verhalten des Schuldners erkennbar ist, daß er in einem außergerichtlichen Verfahren nicht zahlt. Rührt sich der Schuldner auf Mahnungen des Gläubigers dagegen nicht, und bestreitet er die durch ein Inkassobüro geltend gemachte Forderung nicht oder nur, um Zeit zu gewinnen, handelt der Schuldner mit anderen Worten schikanös, so hat der Gläubiger trotz der notwendig gewordenen Einschaltung eines Rechtsanwalts den Anspruch auf die ihm vom Inkassobüro in Rechnung gestellte Bearbeitungsvergütung[53].

Es ist zu hoffen, daß die Tätigkeit der Inkassounternehmen nicht nur, wie geschehen, weitgehend anerkannt wird. Diese Anerkennung muß auch ihren Ausdruck darin finden, daß man die Scheu davor verliert, den Inkassoinstituten eine angemessene Vergütung für ihre Arbeit zuzugestehen. Wenn auf diesem Gebiet eine Rechtssicherheit eintritt, werden die vielfach gegen Inkassobüros gerichteten Angriffe beendet sein. Die Inkassoinstitute könnten dann die von ihnen angestrebte Rolle auf dem Gebiet der „Therapie des Kreditwesens" uneingeschränkt übernehmen.

---

[52] Hier entsteht nach den Geschäftsbedingungen zwischen Gläubiger und Inkassobüro kein Erfolgshonorar.

[53] So u. a. Schmidt, Die Kosten der Inkassobüros, in Rpfleger 1970, 85.

Literaturverzeichnis

Achterberg, Erich und Karl *Lanz:* Enzyklopädisches Lexikon für das Geld-, Bank- und Börsenwesen, 3. Auflage, Frankfurt 1967 (zitiert: Lexikon)

Altenhoff, Rudolf und Hans *Busch:* Rechtsberatungsgesetz, 2., neubearbeitete und ergänzte Auflage von Kurt Kampmann, Münster 1967

Baehring, Bernd: Die kommerzielle Kreditversicherung — ein Geschäft in der Nachbarschaft der Banken, in BankBetr. 1967, 79

Bauer, Hellmuth: Die Auskunftspflicht der Registergerichte, in RWD 1969, 365

— Die Erstattungsfähigkeit der Inkasso-Vergütungen als Verzugsschaden zu Lasten des Schuldners, in RWD 1969, 4

— Die nach Grund, Höhe, Fälligkeit und Erstattungsfähigkeit zu Unrecht umstrittene Erfolgsvergütung der Inkassounternehmen, in RWD 1970, 3

— Anmerkung zum Urteil des AG Bad Münder vom 19. 8. 1966 — 1 C 98/66 — (RWD 1969, 250), in RWD 1969, 251

Baumbach, Adolf und Wolfgang *Lauterbach:* Zivilprozeßordnung, 27. Auflage, München und Berlin 1963

— Zivilprozeßordnung, 29. Auflage, München und Berlin 1966

Baur, Fritz: Anmerkung zum Urteil des BGH vom 3. 10. 1961 — VI ZR 242/60 — (BGHZ 36, 18), in JZ 1962, 95

Bender, Rolf: Die Hauptverhandlung in Zivilsachen, in DRiZ 1968, 163

— Beschleunigt die „Beschleunigungsnovelle", in ZRP 1969, 58

Beuthien, Volker: Anmerkung zum Urteil des BGH vom 29. 11. 1967 — I b ZR 165/65 — (NJW 1968, 588), in JZ 1968, 471

Book, Heinz: Formen und Möglichkeiten der Absatzfinanzierung von Investitionsgütern (Maschinen und Anlagen), Eine Übersicht für die Praxis, Betr 1965, 369

Brangsch, Heinz: Die Vergütungen der Inkassobüros, in AnwBl. 1953, 181

— Anmerkung zum Urteil des LG Nürnberg-Fürth vom 25. 2. 1958 — 7 S 115/57 — (NJW 1959, 438), in NJW 1959, 438

Capeller, Rupert: Factoring als Sparkassengeschäft?, in Spark 1964, 99

Dempewolf, G.: Anmerkung zum Urteil des BGH vom 30. 4. 1959 — VII ZR 19/58 — (BGHZ 30, 149), in NJW 1959, 1533

Deubner, Karl G.: Über Maßnahmen zur Beschleunigung des Zivilprozesses — eine Stellungnahme zu den einschlägigen Vorschriften des Entwurfs eines Gesetzes zur Änderung der Zivilprozeßordnung, in ZZP 82 (1969), 257

Deutscher Gerichtsvollzieher Bund: Vorschläge zur Reform der Zivilgerichtsbarkeit, Münster 1964 (zitiert: Vorschläge)

Dieckmann, Albrecht: Globalzession und verlängerter Eigentumsvorbehalt, in JuS 1961, 219

Dörinkel, Wolfram: Führung von Kreditschutzlisten durch Wirtschaftsverbände, in WuW 1953, 95

Ebeling: Die Zulässigkeit sog. Kreditschutzlisten, in WM 1956, 370

Ehrlich, Eugen: Grundlegung der Soziologie des Rechts, Unveränderter Neudruck der 1. Auflage 1913, München und Leipzig 1929

Entwurf eines Gesetzes zur Änderung der Zivilprozeßordnung (Beschleuninigungsnovelle): Entwurf und Begründung, Stand 1. 10. 1967 (zitiert: Beschleunigungsnovelle)

Esser, Josef: Globalzession und verlängerter Eigentumsvorbehalt, in JZ 1968, 281

Finger, Peter: Die Forfaitierung, ihre Erscheinungsformen in der Praxis und ihre rechtliche Behandlung, in BB 1969, 765

Flohr, Günter: Factoring, Leasing und Fabrikpacht, in Betr. 1963, 773

Förschler, Hermann: Kann das gerichtliche Mahnverfahren seine Aufgaben noch erfüllen?, in JZ 1969, 103

Fuhrmann, Hans: Die Börse und die Spekulation, in Der Tagesspiegel Nr. 7086 vom 1. 1. 1969, S. 12

Gässler, Willi: Kreditschutzdienst als Gemeinschaftsaufgabe der Wirtschaftsverbände, in WuW 1952, 633

Geyer, Hans-Peter: Die Aussagefähigkeit von Berichten deutscher und nordamerikanischer Handelsauskunfteien als Hilfsmittel für die Kreditentscheidung, Dissertation Berlin 1968

Götz, Donald: Ist unser Insolvenzrecht reformbedürftig?, in Arbeitgeb. 1967, 400

Greulich, Heinrich: Die Kreditversicherung, Frankfurt 1967

— Kreditversicherung und Konjunktur, in ZGesKredW 1967, 428

— Wesen und Funktion der Kreditversicherung, in Neue Zürcher Zeitung vom 15. 11. 1967, Blatt 15

Habscheid, Walther J.: Richtermacht oder Parteifreiheit, in ZZP 81 (1968), 175

Haegele, Karl: Über den Umgang mit Schuldnern, 3. Auflage, Freiburg 1966

Hageloh, Erwin und Eugen *Weller:* Die Geschichte des Süddeutschen Gläubigerschutzverbandes vorm. Canstatter Schutzverein gegr. 1880 e. V., Stuttgart 1955

Halem, Carl Otto von: Kreditversicherung, Wiesbaden 1964

Hanusch, Rolf: Factoring als neue Dienstleistungs- und Finanzierungsmethode, in RWD 1969, 145

— Anmerkung zum Urteil des AG Düsseldorf vom 23. 5. 1969 — 21 C 2397/68 — (RWD 1959, 252), in RWD 1969, 254

Hellwig, Hans-Jürgen: Schadensersatzpflichten aus prozessualem Verhalten, in NJW 1968, 1072

Henke, Josef: Möglichkeiten der Kreditsicherung durch die Schufa, inTeilzW 1969, 39

— Zusammenarbeit mit der Schufa, in 14. Kreditwirtschaftliche Fachtagung für Leiter von Kreditgenossenschaften in Bad Ems 1967, S. 97

Hentschel, Erich: Kreditversicherung und Kreditwirtschaft, in TeilzW 1966, 170

Hesse - Saage - Fischer: Grundbuchordnung, 4. Auflage, Berlin 1957

Hoffmann, Walter: Factoring — was ist es — wer kann Gebrauch davon machen?, in Schimmelpfeng Review 1 (1967), 21

Hooven, Eckart von: Aufgaben und Organisation der Schufa, in BankBetr. 1965, 145

Hopt, Klaus: Schadensersatz aus unberechtigter Verfahrenseinleitung, München 1968

Horber, Ernst: Grundbuchordnung, 11. Auflage, München 1970

Jäger, Carl Hellmut: Wahrnehmung berechtigter Interessen durch Auskunfteien, in NJW 1956, 1224

Kaminsky, Stefan: Wie lange noch kann die Schufa ohne Datenverarbeitung bestehen?, in TeilzW 1968, 222

Karger, Horst von: Rechtliche Überlegungen zum Factoring-Vertrag, in Handelsblatt Nr. 222 vom 17. 11. 1969, S. 16

Kersting, Friedrich: Umgehung von Abtretungsverboten — ein Problem des Factoring, in ZGesKredW 1969, 95

Kierdorf, Albert: Werden Schuldner in der Bundesrepublik Deutschland subventioniert?, in RWD 1969, 41

— Werden Schuldner in der Bundesrepublik Deutschland subventioniert?, Dokumentation, Wildbergerhütte 1968, (zitiert: Dokumentation)

Klaas, Christoph: Die Risikoverteilung bei neueren Finanzierungsmethoden, in NJW 1968, 1502

Kleybolte: Unser Zwangsvollstreckungswesen, in NJW 1954, 1097

— Gerichtsvollzieher — Staatsorgan oder Vertreter des Gläubigers?, in NJW 1954, 1469

Knopik, Gisbert: Factoring, Frankfurt 1960

Koch, Hans-Jörg: Zwangsvollstreckung durch Strafanzeige, in MDR 1964, 650

Kronstein, Heinrich: Private Gerichtsbarkeit in Deutschland?, in ZRP 1970, 10

Künkel, Joseph: Zur Frage der Haftung des Schuldners für Inkassokosten, in MDR 1963, 892

Kulins, Fritz: Mehr Aktivität beim Konsumentenkredit, in Spark 1968, 352

Lancelle, Georg: Richtermacht oder Parteifreiheit, in NJW 1968, 1959

Laute, Jürgen: Zur Haftung der Auskunfteien, in TeilzW 1968, 270

Lingenberg, Joachim: Kreditschutzlisten als unzulässiger Eingriff in den eingerichteten und ausgeübten Gewerbebetrieb des Schuldners, in NJW 1954, 449

Lintz, Werner: Die neuere Rechtsprechung, insbesondere des Bundesgerichtshofs, zum Zwangsvollstreckungsrecht, in WM 1966, 294

Löffler, Martin: Presserecht, Band I, 2. Auflage, München 1969

Löffler, Winfried: Begriff und Arten des Factoring, in BB 1967, 1304

— Factoring — ein modernes Finanzierungsinstrument, in Schimmelpfeng Review 2 (1968), 27

Matzel, Reinhard: Eigentumsvorbehalt und Scheck-Wechsel-Deckung, in NJW 1968, 1867

— Absatz muß auch Umsatz werden, in Absatzwirtschaft, 1. Oktoberausgabe 1968, S. 17

Meikel - Imhof - Riedel: Grundbuchrecht, Band I, 6. Auflage, Berlin 1965

Merkel: Warnlisten von Wirtschaftsverbänden, in AnwBl. 1952/53, 163

Mückenberger, Werner: Kreditschutz — ein umstrittenes Problem, in WuW 1953, 330

Nothnagel, Walther: Execution durch sociale Interessengruppen, Wien 1899

Nußbaum, Arthur: Die Rechtstatsachenforschung, ausgewählt und eingeleitet von Manfred Rehbinder, Berlin 1968

Palandt, Otto: Bürgerliches Gesetzbuch, 28. Auflage, München und Berlin 1969

Penzkofer, F. und K. *Täube:* Factoring und Rechtsberatungsmißbrauchsgesetz, in Betr. 1969, 313

Pikart, Heinz: Die neuere Rechtsprechung des Bundesgerichtshofs zum Zwangsvollstreckungsrecht, in WM 1968, 386

— Die neuere Rechtsprechung des Bundesgerichtshofs zur Haftung für Ratschläge und Auskünfte, in WM 1966, 698

Quardt, Heinz: Ist Factoring fremde Rechtsbesorgung?, in JurBüro 1966, 812

Redeker, Konrad und Gustav *Seeliger:* Beschleunigung des Zivilprozesses, in ZRP 1969, 108

Redemann, Rainer: Factoring dringt vor, in TeilzW 1967, 24

Rödl, Helmut: Die Vereine Creditreform — Funktionen, Ziele und Aufgaben einer Kreditschutzorganisation, in Creditreform 4/1969, 4

— Rechtsfragen des Factoring-Vertrages, in BB 1967, 1301

— Finanzierung durch Factoring, in Creditreform 5/1968, 21

Roscher: Zur Kritik der wirthschaftlichen Entwicklung in Deutschland, Zittau 1876

Rose, Gerd: Forderungsbewertung und Delkredereversicherung, in BB 1968, 1323

Scheer, Bernhard: Deutsches Presserecht, Hamburg 1966

Schmid, Edith: Das „Platzen" eines Warenkredites ist ein versicherbares Risiko, in Blick durch die Wirtschaft Nr. 98 vom 27. 4. 1967, S. 5

Schmidt, Herbert: Die Kosten der Inkassobüros, in Rpfleger 1970, 82

Schmidt-Wegenast, Jörn: Schufa: 40 Jahre Kredit mit Netz, in TeilzW 1967, 40

Schmitt, Robert Maria: Das Factoring-Geschäft, Frankfurt 1968

— Um die Globalzession, in ZGesKredW 1968, 666

— Factoring sucht einen Platz im deutschen Bankenmarkt, in ZGesKredW 1966, 1043

— Kein Inkassobüro, in VolksW Nr. 12 vom 23. 3. 1967, S. 444

Scholten R. und H. *Priggert:* Die Haftung einer Auskunftei für falsche Auskünfte, in TeilzW 1967, 50 u. 89

Schopp: Die Bedeutung der Vereinsverfassung beim Zusammenschluß zu Verbänden, insbesondere im Hinblick auf Maßnahmen des Verbandes gegen den Einzelnen, in Rpfleger 1959, 335

Schorn, Hubert: Die Rechtsberatung, 2. Auflage, Darmstadt 1967

Schroif, Bert: Verein Creditreform e. V., in Arch. f. ö. u. fr. U. Band 6, S. 342

— Genossenschaftliche Gebilde in der Form des rechtsfähigen Vereins, Göttingen 1965

Schueler, Hans: Anmerkung zum Urteil des LG Essen vom 30. 11. 1959 — 6 0 137/69 — (AnwBl. 1962, 287), in AnwBl. 1962, 287

Schütz, Wilhelm: Bankgeschäftliches Formularbuch, 17. Auflage, Köln 1966

Sell, Werner: Kreditschutz und Kreditgefährdung, in BerlWirtsch 1952, 1267

Sichtermann, Siegfried: Bankgeheimnis und Bankauskunft, 2. Auflage, Frankfurt 1966

— Das Bankgeheimnis, 4. Auflage, Stuttgart 1966

— Bankauskunft, in Achterberg-Lanz, Lexikon, S. 127

— Bankgeheimnis, in Achterberg-Lanz, Lexikon, S. 153

Siegert, Karl: Durchsetzung der Erstattungspflicht für die Gebühren eines Inkassobüros gegen den säumigen Schuldner, in Betr. 1965, 1767

Sprengel: Die Haftung der Kreditinstitute bei der Erteilung von Kreditauskünften, in Spark 1955, 131

Stackelberg, Curt Ferdinand Freiherr von: Ist der Gläubiger berechtigt, vom Schuldner nach § 286 BGB Erstattung der Kosten eines Inkassobüros unter dem Gesichtspunkt des Verzugsschadens zu verlangen?, in BB 1965, 891

— Zur Frage der Erstattung der Kosten eines Inkassobüros, in BB 1965, 1299

Statistisches Jahrbuch für die Bundesrepublik Deutschland 1969, Stuttgart und Mainz 1969

Staudinger, von: Kommentar zum Bürgerlichen Gesetzbuch, I. Band, Allgemeiner Teil, 11. Auflage, Berlin 1957

Stellungnahme des Ausschusses für Zivilprozeß und Gerichtsverfassung des Deutschen Anwaltsvereins zum Entwurf eines Gesetzes zur Änderung der Zivilprozeßordnung, in AnwBl. 1968, 334

Stötter, Viktor: Lange Prozeßdauer und ihre Ursachen, in NJW 1968, 521

Strom, Eberhard: Zur Frage der Erstattung der Kosten eines Inkassobüros, in BB 1965, 1298

Tschischgale, M.: Anmerkung zum Urteil des AG Lichterfelde vom 24. 3. 1954 — 3 C 150/54 — (JR 1954, 462), in JR 1954, 462

Werhahn, Jürgen W.: Anmerkung zum Urteil des BGH vom 24. 4. 1968 — VIII ZR 94/66 — (NJW 1968, 1516), in NJW 1968, 1516

Windmüller, H. F.: Rechtsberatungs-Mißbrauchgesetz und Inkasso-Unternehmer, 2. Auflage, Karlsruhe 1963

Windolph, Albert: Die Kreditauskunft nach deutschem und ausländischem Recht, 15. Auflage, Hamburg 1968

— Das „berechtigte Interesse" bei der kaufmännischen Auskunftserteilung, in NJW 1959, 1166

— Die Handelsauskunfteien im Kampf gegen die Wirtschaftskriminalität, in TeilzW 1968, 17

Windolph, Albert: Die Wirtschaftskriminalität, ihre Bekämpfung und Prävention, in Schimmelpfeng Review 3 (1969), 54

— Auskunfteiwesen, in Achterberg-Lanz, Lexikon, S. 86

— Kreditschutzlisten, in Achterberg-Lanz, Lexikon, S. 1074

Wißkirchen, Heinz: Factoring, in Schimmelpfeng Review 1 (1967), 20

Wölbling, Hanns.-H.: Kreditversicherung — ins Licht gerückt, in ZGesKredW 1968, 23

— Hochkonjunktur der Kreditversicherung, in BB 1967, 1398

— Kosten der Kreditversicherung, in BB, Beilage 11/1968 zu Heft 32/1968, 14

Wolff, Jürgen: Bankgeheimnis und Kreditauskunft, in AktG 1968, 286

— Die Geheimhaltungspflichten der Banken, in Betr. 1968, 695

Zeiss, Walter: Schadensersatzpflichten aus prozessualem Verhalten, in NJW 1967, 703

Zergiebel, Dankmar: Der Kreditschutz in Handel und Gewerbe insbesondere die Vereine Creditreform, Dissertation Marburg 1921

Zirpins, Walter und Otto *Terstegen:* Wirtschaftskriminalität, Lübeck 1963

Sachwortverzeichnis

Druck:
CPI Druckdienstleistungen GmbH
im Auftrag der
Kolibri 360 GmbH
Ferdinand-Jühlke-Str. 7
99095 Erfurt

FSC
www.fsc.org
MIX
Papier | Fördert gute Waldnutzung
FSC® C083411

Kolibri 360 GmbH
Ferdinand-Jühlke-Straße 7
99095 Erfurt, Deutschland
produktsicherheit@kolibri360.de